互动视角的汉语儿童问句习得研究

杨　贝◎著

科学出版社

北　京

内 容 简 介

本书从问答互动的视角调查了一名汉语儿童芊芊从1岁到3岁的问句习得过程及其影响因素。研究结果表明：儿童产出问句的频率随年龄增长逐步增多，有些问句在发展阶段呈现格式化倾向，儿童提问主要是为了获取信息；看护者问句使用频率总体比较平稳，绝大多数问句不存在格式化倾向；看护者会回答儿童提出的大多数问句，答句类型随儿童年龄增长逐渐多样化；从1岁10个月开始，儿童与看护者之间的多轮问答互动非常频繁。汉语问句特征、儿童认知发展、看护者语言输入以及问答互动特征都会对儿童问句习得过程产生影响。

本书可供对母语习得、二语习得和对外汉语教学等领域感兴趣的教学科研人员和研究生参阅。

图书在版编目（CIP）数据

互动视角的汉语儿童问句习得研究 / 杨贝著. -- 北京：科学出版社，2025.3. -- ISBN 978-7-03-081556-9

Ⅰ. H193.1

中国国家版本馆 CIP 数据核字第 2025175KW3 号

责任编辑：王　丹　张翠霞 / 责任校对：王晓茜
责任印制：徐晓晨 / 封面设计：润一文化

科 学 出 版 社 出版
北京东黄城根北街 16 号
邮政编码：100717
http://www.sciencep.com
北京中石油彩色印刷有限责任公司印刷
科学出版社发行　各地新华书店经销
＊
2025 年 3 月第　一　版　　开本：720×1000　1/16
2025 年 3 月第一次印刷　　印张：14 3/4
字数：248 000
定价：128.00 元

（如有印装质量问题，我社负责调换）

广东外语外贸大学外国语言学及应用语言学研究中心双语认知与发展实验室招标课题"汉语儿童问句习得研究：看护者与儿童问答互动的视角"（项目编号：BCD202007）资助
广东外语外贸大学英语教育学院资助

缩略词和符号

A	录音
D	日记
V	录像
@Begin	转写文本开始
@Languages	对话语言类型
@Participants	对话参与人
@ID	对话参与人身份
@Birth of CHI	儿童出生日期
@Date	录音/录像/日记的日期
@Situation	对话发生的情景
@Comment	对话语的评论
*CHI	儿童的话语
*CHE	陈××小朋友的话语
*MOT	妈妈的话语
*FAT	爸爸的话语
*GRM	祖母/外祖母的话语
*GRF	祖父/外祖父的话语
*ZHA	赵××姑姑的话语
*QIQ	琪×小朋友的话语
*QIU	邱××阿姨的话语
%act	说话时伴随的动作
%add	说话的对象
xxx	含混不清的词语
()	模糊发音可能表达的词语/句子
[/]	重复的单个词语

#	词之间的间隔
<>	重复的多个词语/句子
[=! text]	副语言事件
[?]	对转写文本的猜测
+<	话轮重叠
+/	话轮被打断
+	被打断的话轮重新开始
+...	未完成的话语
MLU（mean length of utterances）	平均句长

目　　录

第1章 总 论

儿童从 1;6 岁（1 岁 6 个月，格式下同）左右开始产出问句，随着年龄的增长，他们产出的问句逐渐增多，4;0 岁儿童话语中的问句高达 20%（Harris 2014）。对于儿童提出的问题，看护者会提供不同的答句。有的看护者对儿童提问的态度比较积极，他们认真对待儿童的问题，根据儿童当时的语言以及认知水平提供合适的回答，这些答句起到支架作用，协助儿童建构语言认知体系（例如，4 岁的 Rosy 不明白为什么要付钱给窗户清洁工，她妈妈就解释说："The window-cleaner needs money, doesn't he?" Rosy 问："Why?" 妈妈说："To buy clothes for his children and food for them to eat." Rosy 反驳道："Well, sometimes window-cleaners don't have children." 见 Tizard & Hughes 1984）；相应地，这些儿童更喜欢提问，跟看护者之间的问答交流更多，语言和认知发展往往比较好。然而，有的看护者对儿童提问的态度却比较消极，他们不太喜欢儿童提问，或不答复儿童的问题，或把问题扔回给儿童，或回答敷衍了事（例如，4 岁的 Beth 问妈妈："How can snakes hear if they don't have ears?" 妈妈回答："I don't know." 见 Tizard & Hughes 1984）；相应地，这些儿童不太喜欢提问，跟看护者之间的问答交流较少，语言和认知发展往往比较差。

国外文献大多调查英语问句的习得，也有少数研究调查德语、塞尔维亚-克罗地亚语、韩语、日语等其他语言的习得，成果颇丰。学者基于儿童产出的自发语料，从问句的始现年龄、习得顺序、句法结构、语用功能、语言输入、问答互动等方面探讨习得过程，得到以下发现。第一，问句从 1;5 岁以后开始习得（Chouinard 2007）。第二，特殊疑问句的习得顺序非常相似：what/where<who<how<why<when（Clancy 1989）。第三，儿童早期产出的问句 83% 来自 20 个结构较为固定的构式，比如 "Where's THING? Where THING go? Can I ACT? Is it PROPERTY?"。

随着儿童年龄的增长，他们产出问句的句法结构逐渐复杂化（Tomasello 2003）。第四，儿童产出的问句中有 75%左右用于获取信息，其余 25%用于实现获得关注、阐明情况、征求允许等其他功能，这说明儿童提问的主要目的是希望看护者解答他们的疑惑（Chouinard 2007；Harris 2014）。第五，母亲话语中某些特殊疑问句的输入频率跟儿童对此类句型的习得顺序相关；如果父母喜欢提问，他们的孩子往往也产出较多问句（Rowland et al. 2003；Hart & Risley 1992）。第六，来自中产家庭的 4 岁儿童话语中有 20%左右是问句，为了澄清某些疑点，儿童会反复提问，他们跟看护者之间的对话因此会持续很多个话轮（Frazier et al. 2009；Tizard & Hughes 1984）。

国内文献大多基于儿童产出的自发语料，从问句的始现年龄、习得顺序、语用功能和语言输入等方面探讨习得过程，得到以下发现。第一，儿童从 1;8 岁开始习得问句（李宇明，唐志东 1991）。第二，特指问句呈现以下习得顺序：空间性疑问范畴<性状、方式、指别"哪"问句<原因问句<目的问句<时间数量疑问范畴。非特指问句呈现以下习得顺序：是非问句<反复问句<选择问句；简略问句 Ia 型<简略问句 IIa 型<简略问句 Ib 型<简略问句 IIb 型<简略问句 III 型（李宇明，陈前瑞 1997）。第三，儿童产出的问句中 60%用于寻求信息，39%用于请求行动。特殊疑问句多用来寻求信息，而语调问句和反问句则多用于请求行动（Li et al. 2017）。第四，母亲话语中疑问句输入频率的高低跟儿童对此种问句的习得顺序高度相关（陈敏 2008）。

以往的研究对我们了解汉语儿童问句习得有一定的帮助，但还有一些问题没有解决：①对儿童问句特征探讨较多，但基本局限于问句的始现年龄、习得顺序和语用功能等，而对问句内容、问句意图和问句句法结构关注不够；②对看护者问句输入特征探讨也较多，而对看护者答句研究极少关注；③尚未有研究从儿童与看护者之间问答互动的角度探讨儿童问句习得。

本书旨在从问答互动的角度调查汉语儿童问句习得过程及其影响因素。为了实现研究目标，笔者将目标分解为以下研究问题：①汉语儿童的问句习得呈现什么特征?②看护者的问句使用呈现什么特征?③对于儿童的提问，看护者的答句呈现什么特征?④儿童与看护者之间的问答互动呈现什么特征?⑤哪些因素会影响儿童的问句习得?

本书的研究内容主要包括以下四个方面。

第一，儿童问句特征。本部分将调查一名汉语儿童芊芊 1—3 岁的问句习得过程，具体包括：①问句的始现年龄及习得顺序，即儿童最早从何时开始自发产出问句，以及哪些问句先习得，哪些后习得；②儿童问句句法特征，即儿童话语中的疑问词的常见搭配词有哪些，随着年龄的增长呈现出怎样的发展变化过程；③儿童问句意图特征，即儿童话语中的问句意图包含哪些，随着年龄的增长呈现出怎样的发展变化过程；④儿童问句内容特征，即儿童话语中的问句内容包含哪些，随着年龄的增长呈现出怎样的发展变化过程。

第二，看护者问句特征。本部分将调查看护者问句使用特征，即随着儿童年龄的增长，看护者话语中不同类型问句的输入频率、其句法结构分别呈现怎样的发展变化特征，而这些特征跟儿童话语中的相应特征呈现怎样的动态关系。

第三，看护者答句特征。本部分将调查儿童与其看护者之间的问答互动方式，即儿童提出不同类型的问句后，看护者给予的答句类型，以及儿童与其看护者之间多轮问答互动的特征。

第四，儿童问句习得影响因素。本部分将从汉语问句特征、儿童认知发展、看护者语言输入和问答互动特征四个角度出发，尝试解释儿童问句习得过程。

本书具体框架如下：第 1 章是总论，介绍研究背景、研究现状、研究问题和研究内容等；第 2 章回顾儿童问句习得的相关研究；第 3 章介绍本书使用的语料来源、语料分析工具和赋码方案；第 4 章调查儿童问句特征；第 5 章调查看护者问句特征；第 6 章调查看护者答句特征；第 7 章概括本书的研究发现，并进一步展望未来的研究方向。

第 2 章　问句习得研究回顾

国内外现有文献大多调查英语问句的习得，也有少数研究调查汉语、韩语、日语、德语、塞尔维亚-克罗地亚语等其他语言的习得，成果颇丰。学者基于自发语料，从儿童问句特征、看护者问句特征、看护者答句特征以及儿童与看护者之间的问答互动特征等方面探讨问句习得状况。

2.1　儿童问句研究

现有研究聚焦于问句的始现年龄、习得顺序、句法结构和语用功能等。研究发现，儿童一般从 1;6 岁左右开始习得问句，疑问句的习得顺序呈现出某种规律，儿童产出的大多数问句用于获取信息（李宇明，唐志东 1991；李宇明，陈前瑞 1997；Chouinard 2007；Clancy 1989；Harris 2014；Li et al. 2017；Tomasello 2003）。

2.1.1　问句始现年龄

唐志东和李宇明（1989）跟踪了一个女孩 D 和一个男孩 T 对句末带"吗"或"吧"语气词的是非问句习得过程，发现儿童 2;1—2;3 岁开始产出"吗"或"吧"问句。女孩 D 的家庭语言背景是河南话，她平时讲普通话，研究者每天随机记录 D 的语言，并以日记的形式保存下来。男孩 T 的父亲母语为粤方言，母亲讲武汉话和普通话，他自己讲普通话，研究者在每个月的最初一周内录下四小时的自然话语，并以录音的形式保存下来。D 从 2;0 岁开始产出"吗"问句，如例（2-1）；T 从 2;3 岁开始产出"吗"问句，如例（2-2）。D 从 2;1 岁开始产出"吧"问句，如例（2-3）；T 从 3;0 岁开始产出"吧"问句，如例（2-4）。

（2-1）怎么办?帮帮忙好吗?

（2-2）我放这个……（录音不清），对吗?

（2-3）××（D的乳名）讲书，鸽鸽听。这是邢爷爷，这是爸爸，
　　　　这是妈妈，这是姐姐，这是××（D的乳名）。讲得好听吧?

（2-4）你看，这个是红的吧?

2.1.2　问句产出数量

唐志东和李宇明（1989）发现，在"吗"问句的发生阶段，问句的使用频率很低；在"吗"问句的发展阶段，问句的使用频率激增。2;1—2;3 岁是"吗"问句的发生阶段，T 在 2;3 岁的 4 个小时录音中只产出了两次"吗"问句，平均每两小时 1 次。2;4—2;10 岁是"吗"问句的发展阶段，T 在 2;6 岁、2;8 岁和 2;10 岁三个月的 12 个小时录音中产出了 47 次"吗"问句，平均每小时近 4 次，使用频率是发生阶段的近 8 倍。

Chouinard（2007）从 CHILDES（Child Language Data Exchange System）语料库中选取了 4 个说英语儿童（Abe 2;4—3;11 岁、Adam 2;3—4;10 岁、Naomi 1;1—5;1 岁和 Sarah 2;3—5;1 岁）的数据，调查了他们疑问句的习得情况，发现儿童平均每小时问 107.8 个问题。Abe 的父母是美国心理语言学家，他在 75 个小时的录音资料中共产出了 5219 个问句，平均每小时 69.6 个问句。Adam 的父母是美国中产阶级，他在 55 个小时的录音中共产出了 10 905 个问句，平均每小时 198.3 个问句。Naomi 的父母是美国心理语言学家，她在 30 个小时的录音中共产出了 2321 个问句，平均每小时 77.4 个问句。Sarah 的父母是美国工人，她在 69.5 个小时的录音中共产出了 6296 个问句，平均每小时 90.6 个问句。

Chouinard（2007）还调查了儿童问句中的单独问句（isolated question）和叠加问句（building question）的比例，发现儿童 2;6 岁以前产出比较多的单独问句，2;6 岁以后产出比较多的叠加问句。Chouinard（2007）把儿童语料依据年龄分成以下 8 个阶段：1;5—1;11 岁、2;0—2;5 岁、2;6—2;11 岁、3;0—3;5 岁、3;6—3;11 岁、4;0—4;5 岁、4;6—4;11 岁和 5;0—5;5 岁。研究发现，在阶段 1 和阶段 2 儿童产出的单独问句占比较高，分别为 87% 和 62%；然而，从阶

段 3 到阶段 8 儿童产出的叠加问句占比较高，分别是 57%、57%、53%、53%、52%和 63%。

2.1.3 问句习得顺序

李宇明和陈前瑞（1997）跟踪了一个女孩 D 对问句的习得过程，发现汉语问句的习得呈现出某种顺序。汉语特指问句遵循以下习得顺序：空间性疑问范畴<性状、方式、指别"哪"问句<原因问句<目的问句<时间数量疑问范畴。非特指问句呈现以下习得顺序：是非问句<反复问句<选择问句；简略问句 Ia 型<简略问句 IIa 型<简略问句 Ib 型<简略问句 IIb 型<简略问句 III 型。在女孩 D 的语料中，汉语特指问句的具体始现年龄如下所示：空间性疑问句（2;0 岁）<"怎么"性状问句（2;2 岁）、"怎么样、怎么回事"性状问句（2;5 岁）、"什么样"性状问句（2;9 岁）、"怎么"方式问句（2;2 岁）、指别"哪"问句（2;3 岁）<"咋""怎么""为什么"原因问句（2;4 岁）<"干什么"目的问句（2;5 岁）<"几点"时间问句（2;9 岁）、"什么时候"时间问句（2;10 岁）、"几"数量问句（3;2 岁）、"多少"问句（4;6 岁）。在女孩 D 的语料中，汉语非特指问句的具体始现年龄如下所示："吗"是非问句（2;0 岁）、"吧"是非问句（2;1 岁）<"X 不 X"和"X 没有"反复问句（2;0 岁）、"X 不"反复问句（2;4 岁）、"有 X没有"反复问句（2;7 岁）<"是 P 还是 Q"有标记选择问句（2;5 岁）、"还是 P还是 Q"有标记选择问句（3;9 岁）、"P，Q"无标记选择问句（4;4 岁）；简略问句 Ia 型（1;8 岁）<简略问句 IIa 型（2;0 岁）<简略问句 Ib 型（2;3 岁）<简略问句 IIb 型（2;3 岁）<简略问句 III 型（2;10 岁）。

Clancy（1989）跟踪调查了两个说韩语女童 W（1;8—2;8 岁）和 H（1;10—2;10岁）对特殊疑问句的习得过程，发现她们对特殊疑问句的习得顺序非常相似。W是家里唯一的孩子，她的父亲是美国布朗大学的研究生，W 用韩语跟父母交流。H 有一个 5 岁的姐姐，姐姐上幼儿园，有时会跟 H 说一点英语，她的父亲也是美国布朗大学的研究生，H 跟父母在家里用韩语交流。W 和 H 都会看电视，有时也会跟当地说英语的儿童玩耍，因此，她们两人都被动接触了少量英语。W 学会了一些英语歌和英语故事，H 学会了几个句子，比如 Don't touch 和 I don't know。即使如此，W 和 H 都只能用韩语自由交流。当 W 和 H 跟母亲以及韩语助研在自然状态下互动的时候，他们的对话以录音的形式保存下来，录音频率是每两周录音一次，每次持续一个小时。研究持续了一年时间，在此期间，W 的 MLU 从 1.5 增长到 3.9，共产出了 418 个特殊疑问句；H 的 MLU 从 1.3 增长到 3.4，共产出了 367 个特殊疑问句。在此期间，W 的母亲共产出了 963 个特殊疑问句，H 的母亲共产出了 406 个特殊疑问句。W 对特殊疑问句的习得顺序是：*mue*[①] "what"（1;8.20 岁，1 岁 8 个月零 20 天，格式下同）<*eti* "where"（1;11.0 岁）<*ettehkey* "how"（2;0.3 岁）<*way* "why"（2;3.4 岁）<*nwukwu* "who"（2;3.18 岁）。H 对特殊疑问句的习得顺序是：*eti* "where"（1;11.21 岁）<*mue* "what"（2;2.27 岁）<*way* "why"（2;4.6 岁）<*nwukwu* "who"（2;9.12 岁）<*ettehkey* "how"（2;9.12 岁）。Clancy（1989）还综述了英语、德语、塞尔维亚-克罗地亚语和日语特殊疑问句的习得顺序，结果发现，无论儿童习得以上哪种语言，无论研究者使用何种研究方法，特殊疑问句的习得顺序都非常相似：what/where<who<how<why<when。

2.1.4　问句句法结构

唐志东和李宇明（1989）发现，"吗"问句在发展阶段（2;4—2;10 岁）出现格式化倾向，在成熟阶段（2;11 岁以后）格式化倾向逐渐消退，并发展出从反面提问的格式。2;4—2;10 岁，D 产出"吗"问句 21 例，其中"能……吗"格式 14 例，约占 67%，如例（2-5）。在成熟阶段，D 产出"吗"问句的格式化倾向逐渐消退，问句变得丰富多彩，如例（2-6）—（2-9）；问句开始出现否定形式，如例（2-10）和例（2-11）。在 2;6 岁、2;8 岁和 2;10 岁三个月的录音中，T 产出"吗"问句 47 例，其中"是……吗"格式 28 例，约占 60%，如例（2-12）。在成熟阶段，T 产出"吗"问句的格式化倾向逐渐消退，在 3;3 岁、3;5 岁和 3;7 岁三个月的录音中，"是……吗"只有 19 例，占"吗"问句的 58 例的 33%；问句开始出现否定形式，如例（2-13）和例（2-14）。

（2-5）妈妈，能带我去买大西瓜吗？

（2-6）妈妈，你需要帮忙吗？

---

① 书稿中此类斜体是后面引号内英语单词对应的韩语单词。

（2-7）哎，姐姐，看我漂亮吗?

（2-8）爸爸，我想回去，你同意吗?

（2-9）你小时候哭过吗?

（2-10）妈妈，我记得是三本书，怎么一本了?不是三本吗?

（2-11）那不是更冷了吗?

（2-12）硬币就是钱吗?

（2-13）昨天我没有吵你们吗?

（2-14）你不住广东吗?

　　Clancy（1989）发现，在说韩语儿童早期产出的特殊疑问句中，特殊疑问词往往仅仅跟某一两个动词同现，随着儿童语言能力的发展，特殊疑问词出现的语境才会逐渐丰富起来，比如 *mue ya* "what is"…、*mue hay* "what do"…、*ettehkey hay* "how do"…、*eti issta* "where is"…和 *eti kata* "where go"…。

　　儿童早期产出的问句 83%来自 20 个结构较为固定的构式，比如"Where's THING? Where THING go? Can I ACT? Is it PROPERTY?"。随着儿童年龄的增长，他们产出问句的句法结构逐渐复杂化（Tomasello 2003）。

2.1.5　问句意图类型

　　Smith（1933）使用日记记录的方法追踪了 1;6—6 岁儿童跟看护者以及同伴之间的对话，调查了问句的习得情况。研究发现，儿童产出的话语中约 13%是问句，其中仅 8%是用于寻求解释的问句（why、how 或 what about 问句）；儿童从 2;5 岁左右开始产出寻求解释的问句；寻求解释的问句从 3 岁到 5 岁呈现逐步增多的趋势，之后就呈现平稳发展的趋势。

　　Tyack 和 Ingram（1977）基于父母记录调查了儿童问句习得情况，发现 2—3 岁儿童话语中约 7%是寻求解释的问句。Hood 等（1979）的研究也发现，儿童 2;6 岁左右开始产出寻求解释的问句，这类问句会随着儿童年龄的增长而增多。然而，Callanan 和 Oakes（1992）却发现，不同年龄组的儿童（3 岁、4 岁和 5 岁）产出的寻求解释的问句数量没有显著差异。

　　Hickling 和 Wellman（2001）调查了来自 CHILDES 语料库中四个说英语儿童

2;5—5 岁的语料，发现：平均每 25 句话里面有一句是用于寻求因果解释的；儿童产出的关于人（活动或状态）的问句比较多，关于事物的问句比较少；儿童 4 岁以后产出的因果问句呈现减少的趋势。

Chouinard（2007）把儿童产出的问句分成寻求信息和非寻求信息两类，研究显示：儿童产出的问句中 71% 用于寻求信息（寻求事实或寻求解释），29% 不用于寻求信息（获得关注、阐明情况、请求行动、征求允许、过家家、对动物或婴儿提问、无法确定）；在受试儿童的各年龄段，寻求信息的问句始终占据主导地位；在寻求信息的问句中，寻求事实的问句约占 75%，寻求解释的问句约占 25%，随着儿童年龄的增长，寻求解释的问句逐渐增多。问句的类别如例（2-15）—（2-23）所示：

（2-15）寻求事实：What's that?

（2-16）寻求解释：Why is baby crying?

（2-17）获得关注：Hey mom?

（2-18）阐明情况：What did you say?

（2-19）请求行动：Will you close the door?

（2-20）征求允许：Can I have an apple?

（2-21）过家家，对布娃娃说：Are you hungry?

（2-22）对动物或婴儿提问，对不会说话的弟弟说：Are you hungry?

（2-23）无法确定。

第一，儿童产出的问句以寻求信息的问句为主。在 Abe 产出的问句中，68% 用于寻求信息，32% 不用于寻求信息，他平均每小时产出 47 个用于寻求信息的问句。在 Adam 产出的问句中，77% 用于寻求信息，23% 不用于寻求信息，他平均每小时产出 153.5 个用于寻求信息的问句。在 Naomi 产出的问句中，75% 用于寻求信息，25% 不用于寻求信息，她平均每小时产出 57.9 个用于寻求信息的问句。在 Sarah 产出的问句中，62% 用于寻求信息，38% 不用于寻求信息，她平均每小时产出 56.3 个用于寻求信息的问句。儿童产出的问句绝大多数用于寻求信息，少数用于实现获得关注、阐明情况、征求允许等其他功能，这说明儿童提问的主要目的是希望看护者解答他们的疑惑。

第二，在儿童发展的不同阶段，寻求信息的问句始终占据主导地位。Chouinard（2007）把儿童语料依据年龄分成 8 个阶段，并调查了儿童在不同阶段产出的问句类型。结果显示，用于寻求信息的问句从阶段 1 到阶段 8 的百分比分别是 91%、66%、72%、70%、74%、69%、70% 和 77%，不用于寻求信息的问句从阶段 1 到阶段 8 的百分比分别是 9%、34%、28%、30%、26%、31%、30% 和 23%。

第三，在寻求信息的问句中，寻求事实的问句占主导，随着儿童年龄的增长，寻求解释的问句呈现增多的趋势。有趣的是，儿童产出的用于寻求解释的问句在 3;0 岁左右达到峰值：Abe 在 2;6—2;11 岁产出的寻求解释的问句占 34%；Adam 在 3;6—3;11 岁产出的寻求解释的问句占 33%；Naomi 在 3;0—3;5 岁产出的寻求解释的问句占 35%；Sarah 在 3;0—3;5 岁产出的寻求解释的问句占 20%。这说明在此阶段儿童对因果关系非常感兴趣。

Frazier 等（2009）基于 CHILDES 语料库中 6 名说英语儿童的语料，调查了当成人对儿童提出的寻求解释的问句给予不同的答句时，儿童会有怎样的反应。研究发现，当成人对儿童的问句给予解释的时候，儿童会表现得比较满足；反之，儿童就不满足。这说明儿童提问的主要目的是获得信息，而不是获得成人的关注或者使谈话继续下去。

Gauvain 等（2013）调查了 1978—1979 年收集的来自 4 种非西方文化的 96 名 3—5 岁儿童产出的问句（4 种非西方文化分别是伯利兹的加里富纳人、肯尼亚的洛戈利人、尼泊尔的尼瓦尔人和美属萨摩亚的萨摩亚人，研究者从每种文化中选取 24 名儿童作为受试），并把这些数据跟 Chouinard（2007）调查的来自美国的儿童问句数据进行对比，结果发现来自非西方文化的儿童明显产出较少的寻求解释的问句。就寻求信息的问句而言，两组儿童的数据之间不存在显著差异：来自非西方文化的儿童共产出了 269 个寻求信息的问句，这些问句占儿童话语总量的 10%；Chouinard 调查的儿童产出的寻求信息的问句占话语总量的 13%。就寻求解释的问句而言，两组儿童的数据之间存在显著差异：来自非西方文化的儿童产出的寻求解释的问句非常少，仅占寻求信息问句总量的 4.5%；然而，Chouinard 调查的儿童产出的寻求解释的问句非常多，占寻求信息问句总量的 23%—26%。Gauvain 等（2013）认为，以下两个原因可能导致来自非西方文化的儿童极少产出寻求解释的问句：第一，在传统文化中，儿童和成人的社会地位不同，儿童要尊重和服从成人，如果儿童产出 why 问句的话，就会被视为挑战成人的权威；第二，在传统文化中，儿童很容易明白他们在社会经济结构中扮演的角色，因此不需要提出很多的寻求解释的问题。然而，在西方中产阶级社会，知识日新月异，科技突飞猛进，这就促使儿童提出更多的寻求解释的问题以适应复杂的生活（Gauvain & Munroe 2012）。

Li 等（2017）收集并分析了 4 个年龄组（2;6 岁、3;6 岁、4;6 岁和 5;6 岁）共 168 名来自北京的儿童在幼儿园产出的问句，研究发现：儿童在 2;6—3;6 岁以及 3;6—4;6 岁问句的形式和功能都发展迅速；特殊疑问句多用来寻求信息，而语调问句和反问句则多用于请求行动；多数（60%）问句用于寻求信息，少数（39%）问句用于请求行动。

2.1.6　问句语义类型

Chouinard（2007）把儿童产出的问句基于语义分成 14 类 [如例（2-24）—（2-37）所示]，并进一步调查了不同类别的问句在不同年龄段所占的百分比。

（2-24）外表：What color is it?

（2-25）属性：Is it soft?

（2-26）部分：Is that the donkey's ear?

（2-27）功能：What does it do?

（2-28）行为：What is he doing?

（2-29）心理理论：How does the pilot know where to fly the plane?

（2-30）状态：Is it broken?

（2-31）数：How many Legos are there?

（2-32）标签：What's that?

（2-33）归属：Whose coffee is that?

（2-34）地点：Where is my ball?

（2-35）层级：What kind of car is that?

（2-36）归纳：Do bats sleep upside down?

（2-37）身份：Who is that?

首先，儿童产出的外表、属性、部分、数、归属、层级和归纳类的问句总体较少，且随着年龄的增长保持比较稳定的状态。外表类问句从阶段 1 至阶段 7 占比在 5%以下，阶段 8 增至 7%。属性类问句从阶段 1 的 2%逐步增长至阶段 7 的 8%，阶段 8 降至 6%。部分、数、归属类问句从阶段 1 至阶段 8 的占比一直在 4%以下。层级和归纳类的问句从阶段 1 至阶段 8 的占比一直在 2%以下。

其次，儿童产出的功能、行为、心理理论、状态和身份类的问句总体较多，且随着年龄的增长呈现增多的趋势。功能类问句从阶段 1 的 1%逐渐增长至阶段 8 的 15%。行为类问句从阶段 1 的 9%逐渐增长至阶段 8 的 37%。心理理论类问句从阶段 1 的 0 逐渐增至阶段 7 的 17%，阶段 8 降至 12%。状态类问句从阶段 1 的 6%增至阶段 8 的 15%。身份类问句从阶段 1 的 2%逐渐增至阶段 4 的 17%，然后逐渐降至阶段 8 的 9%。

最后，在儿童年龄比较小的时候，他们会产出很多标签和地点类的问句，但是随着年龄的增长，这些问句占比逐渐减少。标签类问句从阶段 1 的 61%快速降至阶段 3 的 20%，然后缓慢降至阶段 8 的 13%。地点类问句从阶段 1 的 24%逐渐降至阶段 8 的 16%。

儿童的词汇爆炸一般从 1;0—1;3 岁开始，到 2;0—2;5 岁结束（Conesa et al. 2010；Goldfield & Reznick 1990）。Chouinard（2007）的研究显示：在词汇爆炸期间儿童产出非常多的标签类问句，之后此类问句就显著减少了。这表明，儿童产出的标签类问句的情况与儿童的认知发展是一致的。

2.2 看护者问句研究

现有研究大多数调查看护者疑问句的使用跟儿童问句习得顺序之间的关系。研究发现，母亲话语中某些特殊疑问句的输入频率跟儿童对此类句型的习得顺序高度相关（陈敏 2008；唐志东和李宇明 1989；Clancy 1989；Hart & Risley 1992；Rowland et al. 2003）。

唐志东和李宇明（1989）发现，女孩 D 和男孩 T "吗" 问句的始现年龄接近，

"吧"问句的始现年龄却差别较大，部分原因可能在于他们父母语言背景的差异。D 的父母是河南人，无论讲河南话还是普通话，都会较多地使用"吧"问句。D 从 2;1 岁开始产出"吧"问句。T 的父亲是广东人，上大学之后才说普通话；T 的母亲从小会说普通话，但平时也讲武汉话。粤方言和武汉话都较少或不使用"吧"问句，因此，T 的父母即使在讲普通话的时候，也较少使用"吧"问句。T 的"吧"问句直到 3;0 岁以后才开始习得。

陈敏（2008）调查了一名说汉语的男童 LSY 在 0;9—2;3 岁与其母亲的对话，以及一名说英语的女童 Eve 在 1;6—2;3 岁与其母亲的对话，发现母亲话语中疑问句输入频率的高低跟儿童对此种问句的习得顺序高度相关。在 LSY 母亲的话语中，论元特殊疑问句[①]的输入量基本保持在 70%左右，而附加语特殊疑问句的输入量却低于 30%。LSY 从 1;9 岁开始产出简单的论元特殊疑问句，如"哪个阿姨？""妈妈，哪一页？"等；直到 2;0 岁才开始产出附加语特殊疑问句，如"爸爸的刀子到哪去了？""你要把它推到哪里去啊？"。在 Eve 母亲的话语中，论元特殊疑问句的输入量均高于 80%，而附加语特殊疑问句的输入量均低于 20%。Eve 从 1;8 岁开始产出论元特殊疑问句"What doing # Mommy?"；直到 2;3 岁才开始产出附加语特殊疑问句，如"Why do not you want?""How # how about another # eggnog instead of cheese sandwich?"。在两位母亲的话语中，就论元提问的特殊疑问句比就附加语提问的特殊疑问句要频繁得多。有趣的是，两名儿童均先产出论元特殊疑问句，几个月后才开始产出附加语特殊疑问句。

Clancy（1989）发现，儿童对特殊疑问句的习得顺序跟其母亲话语中的输入频率高度相关。H 特殊疑问句的习得顺序是：*eti* "where"<*mue* "what"<*way* "why"<*nwukwu* "who"<*ettehkey* "how"。在 H 母亲的话语中，以上几种特殊疑问句使用频率从高到低依次是：*mue* "what"<*eti* "where"<*way* "why"<*nwukwu* "who"<*ettehkey* "how"。*mue* "what"的输入频率最高，却第二个被习得；*eti* "where"

---

① Grimshaw（1990）提出，在论元特殊疑问句中，特殊疑问词占论元位置，指代由谓词所表达的活动或状态的最小涉及对象，论元由词库决定并由谓词指派论元角色；而在附加语特殊疑问句中，特殊疑问词占附加语位置，一般为非强制成分，此外，附加语不被指派论元角色，因此可不受动词论元结构的限制。Cheung（1995）提出，由"谁""什么""哪个"以及占论元位置的"哪里"引导的疑问句称为论元特殊疑问句，而由"为什么""怎么样""什么时候"，以及占附加语位置的"哪里"引导的疑问句称为附加语特殊疑问句。

输入频率第二高，却最早被习得；除此以外，H 对以上几种特殊疑问句的习得顺序跟 H 母亲的输入频率基本一致。W 特殊疑问句的习得顺序是：*mue* "what"<*eti* "where"<*ettehkey* "how"<*way* "why"<*nwukwu* "who"。在 W 母亲的话语中，以上几种特殊疑问句使用频率从高到低依次是：*mue* "what"<*eti* "where"<*ettehkey* "how"<*nwukwu* "who"<*way* "why"。*nwukwu* "who"的输入频率第四高，却第五个被习得；*way* "why"的输入频率第五高，却第四个被习得；除此以外，W 对以上几种特殊疑问句的习得顺序跟 W 母亲的输入频率基本一致。有些特殊疑问句在母亲话语中比较少见，比如，*encey* "when"、*myech* "how many"、*etten* "what kind of"、*enu* "which N"、*nwukwu* "whose N"和 *musun* "what N"，儿童较晚习得或根本没有习得这几种特殊疑问句。Clancy（1989）调查了儿童对特殊疑问句的习得顺序跟输入频率之间的相关性，结果发现：W 跟其母亲之间的数据呈现显著相关（斯皮尔曼等级相关系数=0.94, *p*<0.01）；H 跟其母亲之间的数据不呈现显著相关，但是关联度很高（斯皮尔曼等级相关系数=0.87）。

Rowland 等（2003）收集了 12 个 2;0—3;0 岁儿童共 300 多个小时的自发语料，并分析了儿童问句习得顺序跟其母亲话语中问句输入频率以及问句复杂度之间的关系。研究发现：母亲话语中问句的输入频率可以预测儿童问句的习得顺序；然而，母亲话语中问句复杂度不能够有效地预测儿童问句的习得顺序。

Hart 和 Risley（1992）调查了来自不同种族以及社会经济地位不同的 40 个美国家庭的亲子互动情况，发现父母跟子女之间的互动质量与家庭的社会经济水平高度相关。来自低社会经济地位家庭的父母经常（20%）禁止儿童的行为，而来自高经济社会地位家庭的父母极少甚至从不对儿童说使人沮丧的话。此外，来自高社会经济地位家庭的父母还会经常（45%）向儿童提问。

2.3　看护者答句研究

现有研究大多数调查对儿童的提问、看护者持怎样的态度、给予怎样的答句等。研究发现，来自说英语国家中产家庭的看护者非常支持儿童提问，会认真给予答复，甚至以此为乐（Frazier et al. 2009；Tizard & Hughes 1984）。

Chouinard（2007）把看护者的答句划分为五类，并调查了 Abe、Adam、Naomi

和 Sarah 的父母对儿童问句的回答情况，发现：无论儿童处于哪个年龄段，看护者绝大多数情况（约 70%）下会给儿童的提问提供信息，只有少数情况（约 30%）不提供信息；此外，儿童的年龄越小，看护者答句就会包含越多的附加信息。

Chouinard（2007）把看护者答句划分为以下五类：看护者回答了儿童的提问，并且提供了信息，如例（2-38）；看护者回应了儿童的提问，但是没有提供信息，如例（2-39）；看护者没有回答儿童的问题；看护者要求儿童回答自己的问题，如例（2-40）；儿童自发回答自己的提问，如例（2-41）。此外，Chouinard（2007）还把第一类答句（看护者对儿童的提问提供了信息）进一步细分为以下两个小类：看护者对儿童的提问提供附加信息，如例（2-42）；看护者对儿童的提问提供不同信息，如例（2-43）。

（2-38）儿童：What's that called?

　　　　看护者：A grapefruit.

（2-39）儿童：What's that called?

　　　　看护者：I don't know./ Where did you put your spoon?

（2-40）儿童：What's that called?

　　　　看护者：You know that, what's it called?

（2-41）儿童：What's that called?

　　　　儿童：It's a grapefruit!

（2-42）儿童：What's that?

　　　　看护者：That's a dog. A poodle dog. He has a puffy tail.

（2-43）情景：妈妈在发抖

　　　　儿童：What's mommy doing?

　　　　看护者：She's cold.

Chouinard（2007）调查了 4 个儿童的父母的答句，发现无论儿童处于哪个年龄段，看护者都倾向于给儿童的问句提供信息。从阶段 1 到阶段 8，看护者提供信息的答句所占的百分比分别是 79%、65%、72%、70%、75%、64%、71% 和 75%，这说明看护者明白儿童提问的主要目的是获取信息，并且会提供相应的信息，满足儿童的需求。此外，从阶段 1 到阶段 8，看护者答句包含附加信息的百分比分别是 24%、14%、12%、9%、5%、4%、4%和 5%，这说明儿童年龄越小，看护者越倾向于提供附加信息，帮助儿童在认知和语言上获得进一步的发展。

2.4 儿童与看护者问答互动研究

现有研究大多数调查儿童与看护者互动的频率、持续的话轮数量，以及看护者答句对儿童语言发展产生怎样的反作用等。研究发现，来自说英语国家中产家庭的 4 岁儿童跟看护者的问答互动非常频繁，为了澄清某些疑点，儿童会反复提问，他们跟看护者之间的对话因此会持续很多个话轮（Chouinard 2007；Frazier et al. 2009；Tizard & Hughes 1984）。

Chouinard（2007）发现：如果看护者给予的答句不能回答儿童的疑问，儿童反复提问的概率很高；相反，如果看护者给予的答句可以回答儿童的疑问，儿童反复提问的概率很低；此外，这种规律不会随着儿童年龄的增长而改变。如果看护者的答句不能回答儿童的疑问，儿童反复提问的百分比从阶段 1 到阶段 8 分别是 52%、40%、46%、45%、52%、37%、44%和 50%；如果看护者的答句可以回答儿童的疑问，儿童反复提问的百分比从阶段 1 到阶段 8 分别是 7%、8%、6%、4%、6%、3%、3%和 6%。从阶段 1 到阶段 8，这两组数据之间始终存在显著差异。

Frazier 等（2009）调查了 CHILDES 语料库中 6 个儿童（Adam、Sarah、Abe、Naomi、Mark 和 Ross）2—5 岁跟其看护者之间的问答互动，语料按照以下 3 个步骤赋码。

第一，儿童产出的 how/why 问句类型。儿童问句被分为以下两类：简单问句，如例（2-44）；复杂问句，如例（2-45）。

（2-44）How come?
（2-45）Why is the sky blue?

第二，看护者答句类型。看护者答句被分为两大类：提供解释的答句和不提供解释的答句。提供解释的答句又细分为以下五个小类：原理，如例（2-46）；原因，如例（2-47）；后果，如例（2-48）；现状，如例（2-49）；其他。不提供解释的答句如例（2-50）。

（2-46）儿童: Why it can't turn off?

　　　　看护者: Because the springs are all wound up.

（2-47）儿童: Why my tummy so big, Mom?

　　　　看护者: Because you ate a lot.

（2-48）儿童: Why does Andy go to the barber?

　　　　看护者: To get his hair cut.

（2-49）儿童: Why not keep a light on?

　　　　看护者: Because we have sun.

（2-50）儿童: How can snakes hear if they don't have ears?

　　　　看护者: I don't think they can hear.

　　第三，儿童对答句的反应类型。儿童对答句的反应被分为八类：同意看护者的解释，如例（2-51）；提出后续问题，如例（2-52）；就原来的问题重新提问，如例（2-53）；提供自己的解释，如例（2-54）；不同意看护者的解释，如例（2-55）；提供更多的相关细节，如例（2-56）；转换话题；没有反应。

（2-51）儿童: Why did he laugh?

　　　　看护者: He thought of a funny joke.

　　　　儿童: Oh, I think so, too.

（2-52）儿童: Why they going deep-sea diving?

　　　　看护者: (no response)

　　　　儿童: How are the people going down dere[①]?

---

① 此处的 dere 是按照儿童发音转写的词语，这个词本应该是 there。不过，由于儿童发音不准确，就发成了 dere。

（2-53）儿童: How are the people going down dere?

　　　　看护者: (no response)

　　　　儿童: How dey[①] going to get there?

（2-54）儿童: Do you know why he's going to live next to the mine?

　　　　看护者: How come?

　　　　儿童: Because he likes it next to the[②] mine.

（2-55）儿童: Why is that door so small?

　　　　看护者: You know, I'm pretty sure it's a fairy door.

　　　　儿童: I don't think so.

（2-56）儿童: Why did you give me the blue one?

　　　　看护者: (no response)

　　　　儿童: I wanted the red one.

Frazier 等（2009）得到了以下发现。

第一，儿童 how/why 问句中 31.2%是简单问句，68.8%是复杂问句。复杂问句呈现逐步增多的趋势：在 2 岁儿童语料中占 53.6%，在 3 岁儿童语料中占 69.3%，在 4 岁儿童语料中占 79.2%。

第二，看护者提供解释的答句占 36.7%，不提供解释的答句占 63.3%。随着儿童年龄的增长，看护者提供解释的答句呈现逐步减少的趋势：在 2 岁儿童语料中占 40.7%，在 3 岁儿童语料中占 38.3%，在 4 岁儿童语料中占 30.7%。

第三，对于看护者提供解释的答句或者不提供解释的答句，儿童会有不同的反应。如果看护者对问句给予解释的话，那么儿童往往会同意看护者的看法，进一步提出更多的后续问句；如果看护者对问句不给予解释的话，那么儿童往往会就原来的问题重新提问，或者提出自己的解释。无论看护者是否给予解释，儿童都可能会转换话题。

---

① 此处的 dey 是按照儿童发音转写的词语，这个词本应该是 they。不过，由于儿童发音不准确，就发成了 dey。

② 此处的 the 是语法错误，正确的句子应该是 next to mine。在习得语言的过程中，儿童经常会产出一些不合语法的句子，这也是正常的现象。

Tizard 和 Hughes（1984）使用录音的方式跟踪收集了 30 个女孩（15 个女孩来自工薪家庭，15 个女孩来自中产家庭）3;9—4;3 岁的语料，每个孩子的语料包括在家里跟看护者之间 2.5 个小时的录音以及在学校跟老师之间 5 个小时的录音，转写过的语料按照以下 5 个步骤赋码。

第一，儿童产出的问句类型。儿童问句被分为以下两类：寻求某种信息的具体问句，如例（2-57）；寻求解释、预测或概括等的非具体问句，如例（2-58）—（2-60）。

（2-57）Where is my coat?

（2-58）Why can't we go out?

（2-59）How did she make it?

（2-60）What's wrong with blue hair?

第二，儿童跟看护者之间问答互动持续的话轮数量。C 来自中产家庭，她跟妈妈一起吃晚餐的时候产出了下面多达 12 个话轮的问答互动（C: 3;10 岁），如例（2-61）。

（2-61）C: Mommy, is our roof a sloping roof?

　　　妈妈: Mmm. We've got two sloping roofs, and they sort of meet in the middle.

　　　C: Why have we?

　　　妈妈: Oh, it's just the way our house is built. Most people have sloping roofs, so that the rain can run off them. Otherwise, if you have a flat roof, the rain would sit in the middle of the roof and make a big puddle, and then it would start coming through.

　　　C: Our school has a flat roof, you know.

　　　妈妈: Yes, it does actually, doesn't it?

　　　C: And the rain sits there and goes through?

妈妈：Well, it doesn't go through. It's probably built with drains so that the water runs away. You have big blocks of flats with rather flat sort of roofs. But houses that were built at the time this house was built usually had sloping roofs.

C: Does Suki have a sloping roof?

妈妈：Mmm. Suki's house is very much like ours. In countries where they have a lot of snow, they have even more sloping roofs. So that when they've got a lot of snow, the snow can just fall off.

C: Whereas if you have a flat roof, what would it do? Would it just have a drain?

妈妈：No, then it would sit on the roof, and when it melted it would make a great big puddle.

第三，儿童产出问句的上下文类型。主要包括：问句伴随的动作，如玩耍或跟看护者共同参与某项活动；交谈的主题为当下情景涉及的事物，如正在看的书、做的事等，或者非当下情景涉及的事物，如谈论过去或将来、在学校谈论家里的情况或在家里谈论学校的情况等；儿童提出问句的动机，如出于好奇、出于活动开展的需要或出于在争论中确定权威的需要。

第四，看护者对儿童 why 问句提供的答句类型。看护者答句主要分为：没有答句；不提供充足信息的答句，如例（2-62）；提供充足信息的答句，如例（2-63）；提供补充信息的答句；其他。

（2-62）儿童: What do tigers look like?

　　　　看护者: They bite you.

（2-63）儿童: Why can't we go out?

　　　　看护者: It's raining, you'd get wet.

第五，看护者对访谈问题的答复。研究者会向儿童的看护者提出以下问题：

儿童在这个年龄段会不断地提问,对于回答儿童的问题您有什么看法?您觉得女儿在家里还是在学校能学习更多的语言知识?您觉得女儿跟您交流更多,还是跟老师交流更多?

Tizard 和 Hughes(1984)得到以下发现。第一,儿童在家里经常提问,在学校却很少提问。来自工薪家庭的儿童在家里平均每小时提问 24 次,在学校平均每小时提问 1.4 次。来自中产家庭的儿童在家里平均每小时提问 29 次,在学校平均每小时提问 3.7 次。两组儿童的数据之间不存在显著差异。此外,why 问句在所有问句中仅占据很小的一部分,来自中产家庭的儿童比来自工薪阶层的儿童明显产出更多的 why 问句,儿童在家里比在学校明显产出更多的 why 问句。

第二,跟来自工薪家庭的儿童相比,来自中产家庭的儿童在家里跟看护者之间的问答互动持续更多的话轮。来自工薪家庭的儿童在家里跟看护者之间的问答互动平均持续 6.8 个话轮,而来自中产家庭的儿童在家里跟看护者之间的问答互动平均持续 9 个话轮。

第三,儿童提问的上下文在活动、情景和动机等方面体现出以下特征。儿童在玩耍的时候产出很少问句,他们在从事其他活动的时候,比如吃饭、看电视、看书等,产出很多问句。来自工薪家庭的儿童提问的主题往往跟当下情景涉及的事物有关;而来自中产家庭的儿童提问的主题往往跟非当下情景涉及的事物有关。无论在家里还是在学校,来自工薪家庭的儿童提问往往出于活动开展的需要或出于在争论中确定权威的需要,较少是出于好奇;来自中产家庭的儿童在家里提问往往是出于好奇,在学校提问往往出于活动开展的需要。

第四,跟来自工薪家庭的看护者相比,来自中产家庭的看护者更倾向于对儿童提出的 why 问句提供充足信息的答句或补充信息的答句(32% vs. 50%)。

第五,来自不同家庭的看护者对儿童提问的态度,以及对自己在儿童教育中扮演的角色有不同的认识。有 4 位来自工薪家庭的母亲和 10 位来自中产家庭的母亲说她们很享受回答儿童的问题。有 4 位来自工薪家庭的母亲说她们根本不回答儿童的问题,没有来自中产家庭的母亲会这么做。有 2 位来自工薪家庭的母亲认为她们的孩子在家里比在学校里能学习更多的语言知识,而有 14 位来自中产家庭的母亲有这样的看法。有 5 位来自工薪家庭的母亲认为孩子跟她们的交流比跟老师的交流多,而有 12 位来自中产家庭的母亲有这样的看法。

2.5　小　　结

对儿童问句习得的研究显示：儿童一般从 1;6 岁左右开始习得问句；说英语 2—5 岁儿童平均每小时会产出大约 100 个问句；无论儿童习得哪种语言，特殊疑问句的习得顺序非常相似；有些疑问句在发展阶段会出现格式化倾向，在成熟阶段格式化倾向逐渐消退；儿童会产出多种语义类型的问句，随着儿童年龄的增长，不同类型的问句呈现不同的发展状况；就问句意图而言，在儿童发展的不同阶段，寻求信息的问句始终占据主导地位，这说明儿童提问的主要目的是希望看护者解答他们的疑惑。

对看护者问句的研究显示：看护者话语中某些特殊疑问句的输入频率跟儿童对此类句型的习得顺序高度相关。

对看护者答句的研究显示：来自说英语国家中产家庭的看护者往往非常支持儿童提问，会认真给予答复，甚至以此为乐；无论儿童处于哪个年龄段，看护者大多数情况（70%）下会给儿童的提问提供信息，只有少数情况（30%）不提供信息；此外，儿童年龄越小，看护者答句就会包含越多的附加信息。

对儿童和看护者问答互动的研究显示：来自说英语国家中产家庭的儿童跟看护者之间的问答互动非常频繁，为了澄清某些疑点，儿童会反复提问，因此他们跟看护者之间的对话往往会持续很多个话轮；来自工薪家庭的儿童跟看护者之间的问答互动持续的话轮较少。

总体而言，现有研究对我们了解汉语儿童与看护者问答互动特征有一定的帮助，但是，相比于印欧语言，对汉语儿童语料中看护者的答句特征，以及汉语儿童与看护者问答互动特征的研究还极为有限。

第3章 研究方法

3.1 研究对象

本书的语料来源于芊芊的个案追踪语料。芊芊出生于广州，她的看护者包括父母、祖父母和外祖父母，父母都是大学教师，祖父母和外祖父母的受教育程度从小学到高中不等，看护者在家中用普通话与芊芊交流。

3.2 语料收集

研究者通过日记、录像和录音这三种方式收集芊芊在自然状态下跟看护者之间的自发语料（spontaneous speech），活动范围涉及室内和室外，活动形式多种多样，包括吃饭、穿衣、洗澡、玩玩具、过家家、看书、社交等，语料收集从芊芊 1;4.11 岁开始，到 3;3.17 岁终止。研究者每周录音两次，每两周录像一次，每次录音/录像的时间为 30 分钟左右。由于人力有限，只有一部分的录音和录像（每个月约 60 分钟的音像资料）被转录成文字资料。用于本书的语料共有 449 个文件，其中日记 393 个文件，录音/录像 56 个文件。

3.3 语料转写与分析

语料均按照 CHILDES 语料库的转写和编码格式进行了逐字逐句的转录。用于分析的语料包括：儿童话语中的问句（剔除了直接模仿、含糊不清的词语、诗歌背诵和儿歌咏唱）；看护者话语中的问句；针对儿童问句，看护者给予的答句。

两名研究者使用 WordSmithTools 8.0 按以下三种方式对语料进行赋码：问句意图、问句内容、答句类型。赋码步骤不同，一致率也稍微不同，总体而言，一致率从 95% 到 100% 不等。Chouinard（2007）对儿童问句意图、儿童问句内容、看护者答句类型等做了较为系统深入的研究，她的分类方法得到了国际上一些学者的认同（Harris 2014；Gauvain et al. 2013），后来也有学者沿用这种分类方法，对非西方国家语言的问句系统开展了对比研究（Gauvain et al. 2013）。鉴于此，本书将参照 Chouinard（2007）的分类方案，对汉语语料进行分类赋码。

第一，汉语问句意图。我们把儿童产出的问句分成寻求信息和非寻求信息两类（表 3-1）。其中，寻求信息类的问句又细分为寻求事实［如例（3-1）］和寻求解释［如例（3-2）］两个子类；非寻求信息又细分为获得关注［如例（3-3）］、阐明情况［如例（3-4）］、请求行动［如例（3-5）］、征求允许［如例（3-6）］、过家家［如例（3-7）］、对动物或婴儿提问［如例（3-8）］和不确定［如例（3-9）］等子类。

表 3-1　儿童问句意图类别

问句意图二分类	问句意图详细分类
寻求信息	・寻求事实
	・寻求解释
非寻求信息	・获得关注
	・阐明情况
	・请求行动
	・征求允许
	・过家家
	・对动物或婴儿提问
	・不确定

（3-1）寻求事实

@Situation：婆婆[①]看电视，说是一个北京的警察把枪弄丢了. V3;2.11岁

---

① 本书的"婆婆"指的是"外婆"。

*CHI：*哪是北京?*^①*

GRM：你不知道，将来带你去看看.^②

（3-2）寻求解释

@Situation：芊芊和妈妈一起看动画片《白雪公主》. V2;6.28岁

CHI：他生气干啥呀?

*MOT：因为白雪公主要他洗，他不洗，他就生气.

（3-3）获得关注

@Situation：妈妈在写东西. V1;9.13岁

CHI：妈妈?

*MOT：哎，什么事?

*CHI：妈妈不要写.

（3-4）阐明情况

@Situation：芊芊想要撕开一个红包. V1;6.23岁

---

① 本书用斜体加下划线来凸显儿童提出的问句。

② 根据 CHILDES 语料库的转写规则，例（3-1）本来如下所示：

@Begin

@Languages: zh

@Participants: CHI Qianqian Target_Child, MOT Mother, GRM Grandmother

@ID: zh|芊芊|CHI|3;2.10|female|Normal||Target_Child||

@ID: zh|杨贝|MOT|||||Mother||

@ID: zh|赵××|GRM|||||Grandmother||

@Birth of CHI: 09-MAY-2005

@Date: 18-JUL-2008

@Situation: 婆婆看电视，说是一个北京的警察把枪弄丢了.

*CHI: 哪 是 北京?

*GRM: 你 不 知道, 将来 带 你 去 看看.

根据 CHILDES 转写规则，例（3-1）在语料库中原来的格式如上所示：文档开头需要标明语言、录像参与者、儿童出生日期和录像日期等背景信息。上面文档的背景信息显示，儿童的出生日期是 2005 年 5 月 9 日，录像日期是 2008 年 7 月 18 日，因此，我们可以推算出录像时儿童的年龄是 3;2.10 岁。此外，根据 CHILDES 转写规则，汉语词与词之间必须输入空格，这样才可以进行后续的检索和分析工作。为了方便阅读，本书对正文例句做了以下两点修改：第一，不再展示文档开头的背景信息，并在@Situation 后面添加儿童年龄；第二，删除话语中的空格。

*CHI：剥剥.

*CHI：撕撕.

*FAT：撕开.

*FAT：不是剥剥.

*CHI：撕#开?

*FAT：对，撕开.

（3-5）请求行动

@Situation：芊芊让爸爸给她打开手机听歌. V1;11.22岁

*CHI：爸爸#开.

*%act：看着手机，尝试按手机上的键想开手机

*CHI：<爸爸>[/]爸爸弄开，听歌吧?

*%act：把手机递给爸爸

*CHI：跳舞吧?

%act：转过身去

*FAT：0①[=! 笑].

（3-6）征求允许

@Situation：芊芊想拿盒子里的黄豆. V2;2.19岁

*CHI：拿一个吧?

*GRM：不能.

*GRM：现在不吃.

*GRM：吃的时候再拿.

（3-7）过家家

@Situation：芊芊跟布偶玩过家家，假装喂布偶吃饭. V2;8.27岁

*CHI：给你搅一下好不好?

---

① 0表示爸爸没有说话，全书余同。

%act：又拿勺子在盘子里搅

%add：娃娃

（3-8）对动物或婴儿提问

@Situation：跟小狗玩儿. V2;8.8岁

CHI：你吃不吃饼干?

%add：小狗

（3-9）不确定

@Situation：芊芊想出去玩儿，但是下雨了. V3;2.29岁

CHI：老天啊，为什么要下雨啊?

*CHE[①]：xx xx好不好?

*CHE：你不要下了.

*CHI：求求你了，不要下了，白云呀.

　　第二，汉语问句内容。我们把儿童产出的问句分为以下 15 个语义类型：外表〔如例（3-10）〕、属性〔如例（3-11）〕、部分〔如例（3-12）〕、功能〔如例（3-13）〕、行为〔如例（3-14）〕、心理理论〔如例（3-15）〕、状态〔如例（3-16）〕、数〔如例（3-17）〕、标签〔如例（3-18）〕、归属〔如例（3-19）〕、地点〔如例（3-20）〕、层级〔如例（3-21）〕、归纳〔如例（3-22）〕、身份〔如例（3-23）〕和不确定〔如例（3-24）〕。在芊芊的语料中，尚未发现层级类问句，此处给出的例子来自 Chouinard（2007：19）。

（3-10）外表

@Situation：爸爸带芊芊玩儿. D2;10.6岁

CHI：云彩是什么颜色?

*FAT：大多数时候是白色的.

---

① CHE 是芊芊的小伙伴。

*CHI：有时候呢?

*FAT：有时候是灰色的.

*CHI：有时候呢?

*FAT：有时候是彩色的.

*CHI：有时候是紫色的.

*FAT：对.

*FAT：那是晚霞.

（3-11）属性

@Situation：芊芊想玩妈妈的戒指盒. D2;8.3岁

*CHI：这个能玩吗?

*MOT：能.

*CHI：这个会打吗?

*MOT：不会.

*MOT：塑料的.

@Comment：妈妈告诉芊芊，瓷器不可以玩儿，因为容易被打碎.

（3-12）部分

@Situation：妈妈跟芊芊一起看书. D2;8.5岁

*CHI：它有屁屁吗?

%act：指着书上画的鳄鱼

*MOT：有.

%act：给她指了指

*CHI：它会屙屎吗?

*MOT：会.

*MOT：要不然就憋死了.

（3-13）功能

@Situation：妈妈带芊芊到厕所尿尿. D2;7.10岁

*CHI：这个能冲吗?

%act：尿过

*MOT：能.

%act：抱着她让她按马桶按钮

（3-14）行为

@Situation：芊芊拿了妈妈的钱盒，妈妈给了她几张毛票. D2;5.30岁

*CHI：明天我得上班.

*CHI：挣钱.

*CHI：给你买很多好吃的.

%act：整钱

*CHI：妈妈咋叠的呀?

%act：没有办法把钱整理好，就走到妈妈身旁求助

*MOT：0.

%act：帮芊芊把钱整理好

(3-15）心理理论

@Situation：芊芊和妈妈一起聊天. A2;11.27岁

*CHI：胡××的车哩?

*MOT：胡××的车?

*MOT：胡××没有车.

*MOT：他没有车.

*CHI：为什么呀?

*MOT：因为他不需要啊.

*CHI：为什么不#需#要啊?

*MOT：啊?

*CHI：为什么不#需要呀?

*MOT：因为#他住的地方儿#因为##他不需要去很远的地方，所以
就不需要有车呀.

*CHI：我有自行车.

*MOT：对, 芊芊有+/.

（3-16）状态

@Situation：芊芊跟妈妈玩儿. V2;10.1岁

*CHI：我[/]我[/]我饿, 我就吃这个.

*CHI：我现在也饿, 我现在饿了.

*CHI：你饿不饿?

*MOT：我不饿.

*CHI：我饿.

%act：吃东西

（3-17）数

@Situation：婆婆教芊芊数数. V2;5.9岁

*GRM：这是几个?

*GRM：几个?

*CHI：0.

%act：待了一会儿, 模仿婆婆的样子也伸出了三个手指

*CHI：几个?

*GRM：几个指头怎样啊?

%act：右手的三个手指作出抓的动作, 提示芊芊

*CHI：两+...

*GRM：哎, 再想这几个.

*CHI：八个.

*GRM：八个呀, 咋会?

（3-18）标签

@Situation：电视上《动物世界》里正在演乌贼. D2;5.15岁

*CHI：这是什么?

*MOT：乌贼.

（3-19）归属

@Situation：妈妈和芊芊在外边玩儿. D2;11.24岁

*CHI：妈妈你有没有腰带?

*MOT：没有.

*CHI：爸爸呢?

*MOT：爸爸有.

*CHI：婆婆有没有?

*MOT：没有.

*CHI：姑姑有没有?

*MOT：没有.

*CHI：姥爷有没有?

*MOT：有.

*CHI：我李老师有腰带.

*MOT：李老师为什么戴腰带?

*CHI：因为呀她的裤子会掉.

*CHI：张老师没有腰带.

（3-20）地点

@Situation：爸爸妈妈带芊芊出去玩. D2;5.13岁

*CHI：姥爷哩?

*FAT：可能在大门口吧.

*CHI：去大门口吧.

*FAT：也可能在家.

*CHI：可能在家.

*CHI：姥爷哩?

*FAT：可能在大门口.

*FAT：也可能在家.

*CHI：姥爷哩?

*FAT：可能在家也可能在大门口.

*FAT：我们去门口找姥爷吧?

*CHI：好.

@Comment：看来芊芊是不理解"可能".

（3-21）层级

*CHI：这是一只贵宾犬吗?

*MOT：是的.

（3-22）归纳

@Situation：电视显示大海的画面. V3;0.14岁

*CHI：里边有没有鳄鱼?

%act：指着电视

*MOT：哦，那是大海，大海里边没有鳄鱼.

*CHI：小海哩?

*MOT：小海也没有啊.

*MOT：鳄鱼生活在湖里边.

*CHI：湖?

*MOT：对.

*MOT：鳄鱼不在海里边.

（3-23）身份

@Situation：芊芊和妈妈一起看动画片《白雪公主》. V2;6.28岁

*CHI：谁爱生气呀?

*MOT：你看，他就是爱生气.

*CHI：哪一个?

*MOT：就这个，在说话这个.

*CHI：说话的.

（3-24）不确定

@Situation：芊芊画画. V3;2.11岁

*CHI：换成别的颜色，我给你画成这色.

%act：拿了一支蓝色的画笔

*CHI：这是xx不xx xx呀?

*CHI：不xx那是不行的.

*CHI：画一个#这个，染染色吧.

%act：给刚才画的花儿染色

*CHI：染染颜色，这样，这样.

*CHI：染色.

第三，汉语答句类型。参照 Chouinard（2007）的标准，把看护者对儿童提问给予的答句分为以下七类：A–（Answered, less information given）代表看护者给予答句，但是信息量不足［（如例（3-25）］；A（Answered, exact information given）代表看护者给予答句，信息量刚好［如例（3-26）］；A+（Answered, more information given）代表看护者给予答句，并提供额外的信息［如例（3-27）］；RD（Responded, different information given）代表看护者给予回应，但是提供的信息跟儿童询问的信息不同［如例（3-28）］；RN（Responded, no information given）代表看护者给予回应，但是没有提供任何信息［如例（3-29）］；N（Not answered）代表看护者没有回答儿童的问题［如例（3-30）］；T（Turn back to child）代表看护者让儿童回答自己的问题［如例（3-31）］。

（3-25）A–

@Situation：妈妈打算给芊芊看一会儿《小美人鱼》. A2;8.13岁

*MOT：行了，妈妈给你开开那个#《小美人鱼》看一会儿吧?

*CHI：小美人鱼#它爸爸妈妈哩?

*MOT：嗯，它妈妈不知道去哪儿了.①

---

① 本书使用加粗加下划线凸显回应儿童问句的看护者答句。

*MOT：它爸爸是海底之王.

*MOT：是海底的国王.

（3-26）A

@Situation：芊芊和妈妈一起看动画片《白雪公主》.V2;6.28岁

*CHI：小矮人呢?

*MOT：小矮人呐.

*MOT：小矮人现在还在矿厂里面挖钻石呢.

*CHI：挖钻石干啥?

*MOT：挖钻石卖了以后可以赚钱呀.

（3-27）A+

@Situation：芊芊和妈妈一起看动画片《白雪公主》.V2;6.28岁

*CHI：他咋看啊?

*MOT：他在窗户上趴着偷偷地看.

*MOT：他害怕里边儿是魔鬼.

*MOT：他们好害怕.

（3-28）RD

@Situation：芊芊想让妈妈帮她打开袋子.A2;8.13岁

*CHI：这怎么打开的?

*MOT：你先上来妈妈跟你说，快点.

*MOT：快上来.

*CHI：上不来.

*MOT：能.

*CHI：上不来.

*MOT：xxx xxx.

*CHI：好了.

（3-29）RN

@Situation：芊芊教育妈妈要讲卫生.A2;8.13岁

*CHI：你不讲卫生，你不讲，你得讲[/]讲卫生，因为要扔[/]扔+…

*CHI：不能扔地下，得扔垃圾桶里边的.

*MOT：哦.

*CHI：要不然把你滑倒咋办？

MOT：哦.

*CHI：这样一滑，把你哧溜.

（3-30）N

@Situation：芊芊画画.V3;2.11岁

*CHI：芊芊怎[/]怎么染得这么好漂亮的花儿啊？

GRM：0.

*CHI：明天我还要画这些花儿.

*GRM：哟，明天还得画这些花儿啊？

*CHI：这些花儿最漂亮了！

*GRM：是的.

（3-31）T

@Situation：芊芊和妈妈一起看动画片《白雪公主》.V2;6.28岁

*CHI：戴着干啥呀？

%act：看到白雪公主把衣服挂到小鹿的角上

MOT：唔？

*CHI：干啥呀？

*MOT：这个小鹿，它身上挂的是#小矮人的脏衣服.

  第四，为了调查儿童和看护者话语中的问句句法结构，我们使用 WordSmith Tools 8.0 的 Concord 工具，以汉语疑问语气词和疑问代词作为检索词，得到了疑问词索引行（图 3-1）、疑问词常见搭配（图 3-2）和疑问词常见词丛信息（图 3-3）。

疑问句从不同角度、按不同标准进行分类，会得出不同的结果（范继淹 1982；陆俭明 1982；吕叔湘 2014；邵敬敏 2014；袁毓林 1993；朱德熙 1982 等），这些研究的结论虽然不尽相同，但从结构类型来讲，基本可以分为以下四类：是非问句、选择问句、正反问句和特指问句（邵敬敏 2014）。是非问句是提出问题，要求别人回答"是"或"否"的问句，这类问句可以单用语调表示，也可以在句

图 3-1　看护者话语中疑问代词"谁"问句索引行

图 3-2　看护者话语中疑问代词"谁"跟"呀"搭配的问句索引行

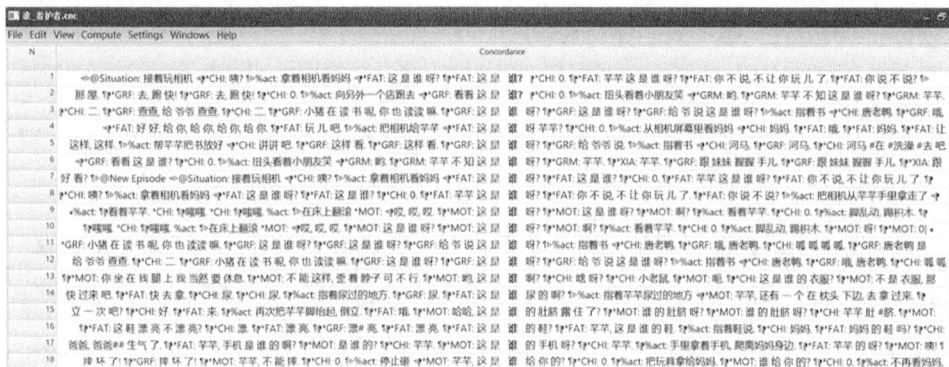

图 3-3　看护者话语中词丛"这是谁"问句索引行

末加上疑问语气词"吧""吗""啊"来表示（吕叔湘 2014；邵敬敏 2014）。
选择问句是提出两种或两种以上的情况，让对方从中进行选择的疑问句，选择问
句常用"A 还是 B""是 A 还是 B"等固有格式，也可以在句末加上疑问语气词
"呢"来表示（吕叔湘 2014）。正反问句是使用肯定和否定叠合的方式提问，希
望对方从肯定和否定的内容中做出选择的疑问句，可以在句末用疑问语气词"呢"
或"啊"，也可以不用（吕叔湘 2014）。特指问句是用疑问代词来代替未知的部
分进行提问，要求对方针对未知的部分做出回答的疑问句。汉语常见疑问代词主
要有以下 16 个：谁、何、什么、哪儿、哪里、几时、几、多少、怎、怎么、怎的、
怎样、怎么样、怎么着、如何、为什么。此外，特指问句也可以在句末使用疑问
语气词"呢"或者"啊"（吕叔湘 2014）。由于 WordSmith Tools 8.0 无法检索没
有语言形式标记问句的句法结构，如例（3-32），我们暂不讨论此类问句的句法
结构。

（3-32）@Situation：芊芊和妈妈一起玩橡皮泥. A2;2.27 岁

*CHI：大鲸鱼.

*MOT：一个糖豆儿.

*MOT：妈妈再做一个.

*MOT：哦，那个不是鲸鱼，芊芊.

*CHI：海豚?

*MOT：我看看是什么#啊.

*MOT：哦，对，是海豚.

3.4 小　　结

　　本书的语料来源于芊芊的个案追踪语料。研究者通过日记、录像和录音这三种方式收集芊芊从 1;4.11 岁到 3;3.17 岁在自然状态下跟看护者之间的自发语料，语料基于 CHILDES 语料库的转写和编码格式进行了逐字逐句的转录，并按照问句意图、问句内容和答句类型这三种方式赋码。

第4章　儿童问句特征

4.1　儿童问句数量

表 4-1 显示了芊芊在不同年龄段产出的问句数量和语句数量。比如，芊芊在阶段 1 共产出了 882 句话，其中 2 句是问句；阶段 8 共产出了 924 句话，其中 128 句是问句。总体而言，芊芊从阶段 1 到阶段 8 共产出了 10 087 句话，其中 791 句是问句。

表 4-1　芊芊各年龄段产出的问句数量和语句数量　（单位：句）

类型	阶段 1 1;4—1;6	阶段 2 1;7—1;9	阶段 3 1;10—2;0	阶段 4 2;1—2;3	阶段 5 2;4—2;6	阶段 6 2;7—2;9	阶段 7 2;10—3;0	阶段 8 3;1—3;3	总数
问句数量	2	6	18	54	231	186	166	128	791
语句数量	882	908	1 647	857	2 345	1 398	1 126	924	10 087

图 4-1 显示，从阶段 1 到阶段 8，芊芊产出问句所占百分比总体呈现稳步增多的趋势。从阶段 1 到阶段 3，问句缓慢地从接近 0% 增长至 1%；从阶段 3 到阶段 7，问句快速地从 1% 增长至 15%；从阶段 7 到阶段 8，问句从 15% 回落至 14%。不过，值得一提的是，在阶段 1 芊芊其实产出了 2 句问句，由于数量极少，

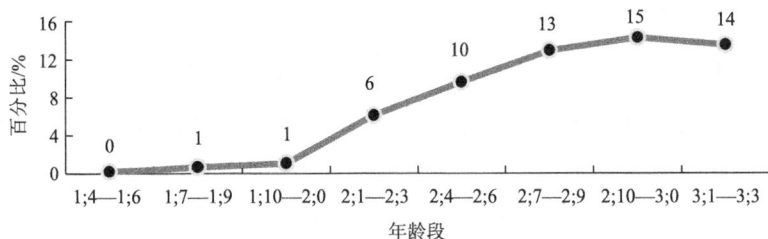

图 4-1　芊芊各年龄段产出问句的百分比

在计算占比的时候约等于 0%。①总体而言，从阶段 1 到阶段 8，芊芊产出的问句数量占语句数量的 8%。

Chouinard（2007）对四名 1—5 岁说英语儿童的语料进行分析，发现说英语儿童在 229 个小时的对话过程中，提出 24 741 个问题，平均每小时提出 108 个问题。本书也发现儿童提问的比例比较高，且随着儿童年龄的增长呈现出稳步增多的趋势。

4.2　儿童问句句法结构

我们使用 WordSmith Tools 8.0 的 Concord 工具，以汉语疑问语气词和疑问代词作为检索词，通过索引行分析句法结构。芊芊话语中产出了包含疑问语气词"啊"、"吧"、"呢"和"吗"的问句，也产出了包含疑问代词"谁"、"什么"、"为什么"、"哪儿"、"怎么"、"哪里"和"几"的问句。下面将先讨论在芊芊话语中含有疑问语气词问句的句法结构，然后再讨论含有疑问代词问句的句法结构。

4.2.1　疑问语气词

1. 啊

疑问语气词"啊"位于句尾，使疑问语气舒缓些（共 74 句，见图 4-2②），"啊"问句在发展阶段（阶段 1—4）出现格式化倾向，在成熟阶段（阶段 5—8）格式化倾向逐渐消退。芊芊在阶段 1 和阶段 2 各产出了一句含有"啊"的问句，如例（4-1）和例（4-2），阶段 3 没有产出含有"啊"的问句。到了阶段 4，芊芊共产出了 7 句含有"啊"的问句，其中 5 句是以"X 不 X……啊"和"有没有……啊"的格式出现的（图 4-3）。从阶段 5 开始，芊芊产出"啊"问句的格式化倾向逐渐消退，问句变得丰富多彩，如例（4-3）—（4-5）。此外，"啊"常跟"谁"

---

① 本书芊芊及其看护者的数据的百分比都按照四舍五入的方式取整数，因此，各部分相加之后的和有可能会出现 99%或者 101%的情况，全书余同。

② 由于例句较多，限于篇幅，图 4-2 仅显示部分截图，全书余同。

（共 12 次，见图 4-4）、"不"（共 9 次，见图 4-5）、"行"（共 8 次，见图 4-6）、"咋"（共 8 次，见图 4-7）、"为什么"（共 8 次，见图 4-8）等搭配。

图 4-2　芊芊话语中"啊"问句索引行

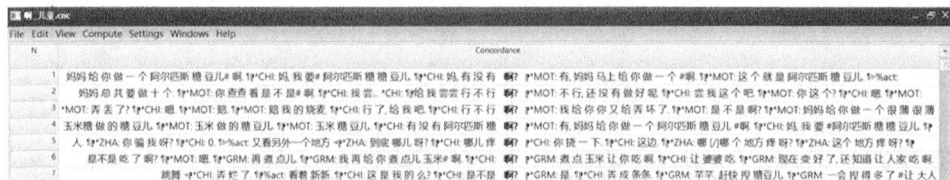

图 4-3　阶段 4 芊芊话语中"啊"问句索引行

（4-1）@Situation：芊芊假装打电话. V1;6.2岁

　　*CHI：喂.

　　*CHI：谁[?]啊[?]?①

　　%act：把包的背带当电话放在耳朵旁说话

（4-2）@Situation：芊芊把床弄脏了，跟爸爸商量怎么办. V1;9.10岁

　　*FAT：那怎么办啊?

---

① 由于第四章主要探讨儿童问句特征，因此，本章仅使用下划线斜体凸显儿童问句，而没有使用下划线凸显看护者问句，也没有使用下划线加粗凸显看护者答句。

*CHI：咋办啊?

%act：继续看着脏了的地方

（4-3）@Situation：芊芊和妈妈一起看动画片《白雪公主》. V2;6.28岁

　　　*MOT：那个女巫.

　　　*CHI：这个走路，在哪儿走路啊?

（4-4）@Situation：芊芊跟爸爸妈妈一起玩过家家. V2;9.19岁

　　　*CHI：谁当那个鸟啊?

（4-5）@Situation：芊芊想出去玩儿，但是下雨了. V3;2.29岁

　　　*CHI：为什么要下雨啊?

　　　%act：趴在窗口看着外边

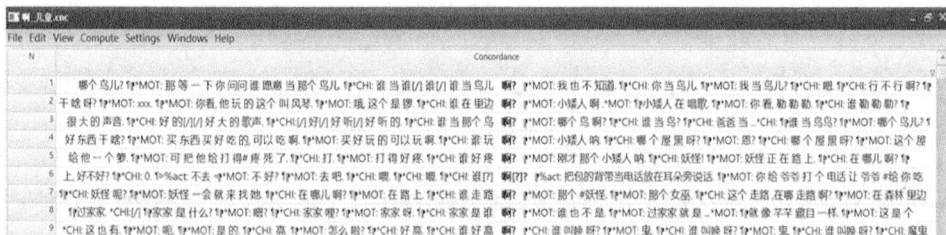

图 4-4　芊芊话语中"啊"跟"谁"搭配的问句索引行

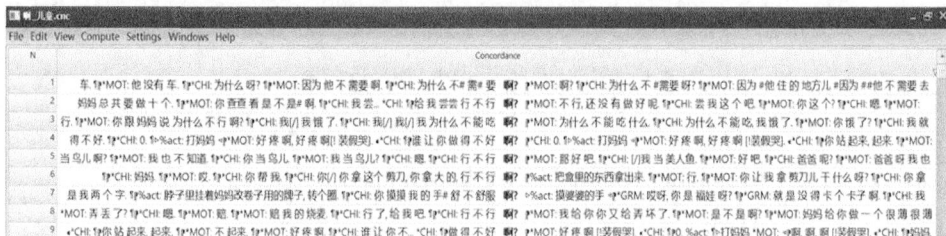

图 4-5　芊芊话语中"啊"跟"不"搭配的问句索引行

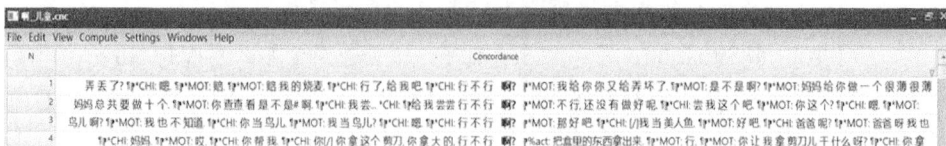

图 4-6　芊芊话语中"啊"跟"行"搭配的问句索引行

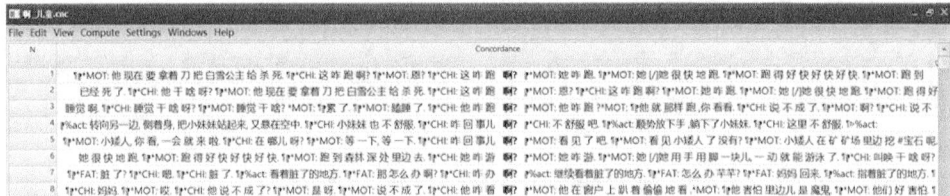

图 4-7 芊芊话语中"啊"跟"咋"搭配的问句索引行

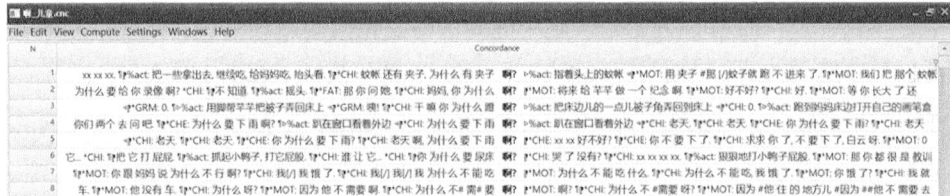

图 4-8 芊芊话语中"啊"跟"为什么"搭配的问句索引行

2. 吧

疑问语气词"吧"一般位于句尾，使原来的提问带有揣测、估计的意味（共59 句，见图 4-9），"吧"问句在发展阶段（阶段 3—4）出现格式化倾向，在成熟阶段（阶段 5—8）格式化倾向逐渐消退。芊芊从阶段 3 开始产出"吧"问句，"吧"前面都是简单的动词短语，如"玩儿""听歌""跳舞"等（图 4-10）。

图 4-9 芊芊话语中"吧"问句索引行

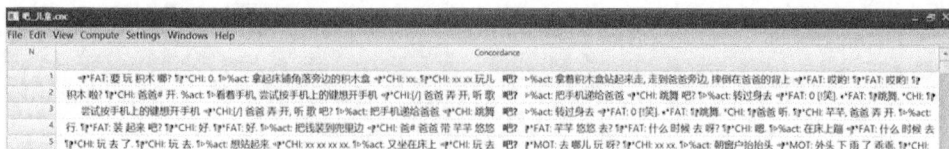

图 4-10　阶段 3 芊芊话语中"吧"问句索引行

到阶段 4，"吧"前面的动词短语变得稍微复杂些，如"拿一个""看完"等
（图 4-11）。从阶段 5 开始，"吧"问句的格式化倾向逐渐消退，问句变得丰富
多彩，如例（4-6）—（4-8）。此外，"吧"常跟"你"（共 11 次，见图 4-12）、
"了"（共 7 次，见图 4-13）、"我"（共 6 次，见图 4-14）、"的"（共 6 次，
见图 4-15）等搭配。

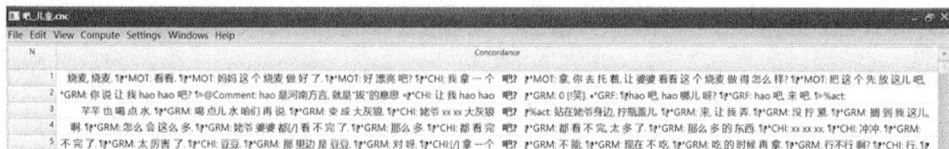

图 4-11　阶段 4 芊芊话语中"吧"问句索引行

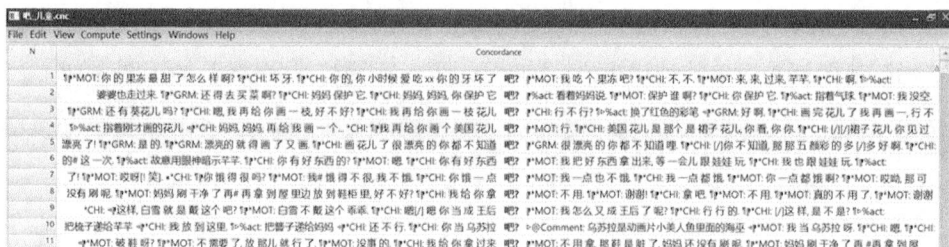

图 4-12　芊芊话语中"吧"跟"你"搭配的问句索引行

（4-6）@Situation：芊芊和爸爸一起玩积木. V2;5.9岁

　　*CHI: 长的吧?

　　%act：找出一个长方形的黄色积木给爸爸

（4-7）@Situation：婆婆让芊芊喝点水. A2;5.31岁

　　*CHI：不[/]不喝了吧?

（4-8）@Situation：芊芊和妈妈一起玩橡皮泥. V3;1.6岁

　　*CHI：你给我做一个鸡吧?

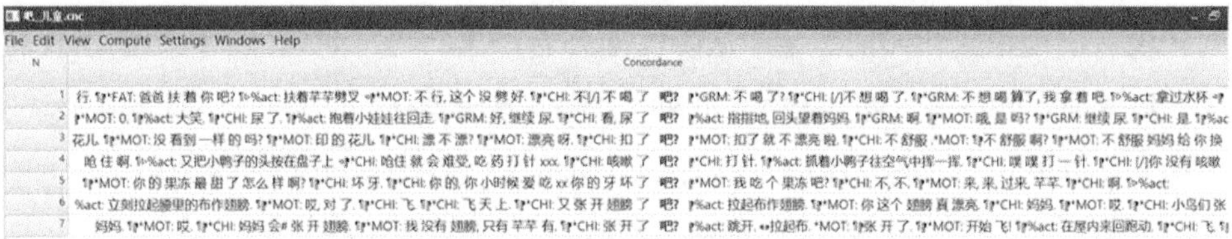

图 4-13　芊芊话语中"吧"跟"了"搭配的问句索引行

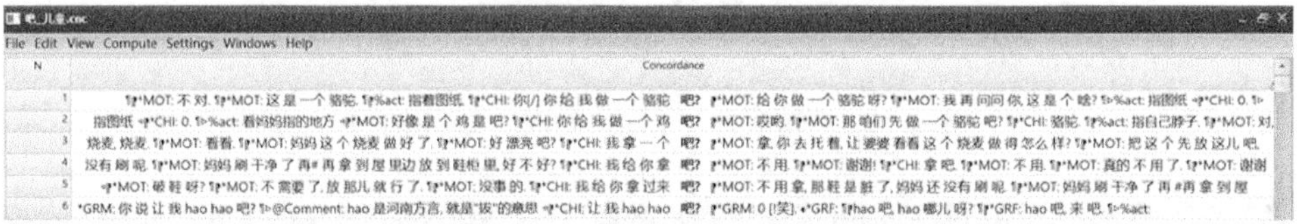

图 4-14　芊芊话语中"吧"跟"我"搭配的问句索引行

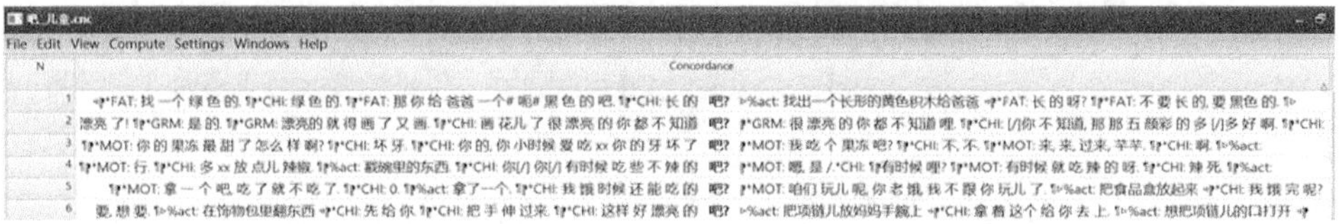

图 4-15　芊芊话语中"吧"跟"的"搭配的问句索引行

3. 吗

疑问语气词"吗"一般位于句尾，表示疑问（共 32 句，见图 4-16），"吗"

图 4-16　芊芊话语中"吗"问句索引行

问句没有出现格式化倾向。芊芊从阶段 4 开始产出"吗"问句，"吗"前面有名词、数量词和句子等（图 4-17）。此外，"吗"常跟"有"（共 9 次，见图 4-18）、"你"（共 9 次，见图 4-19）、"吃"（共 6 次，见图 4-20）等搭配。

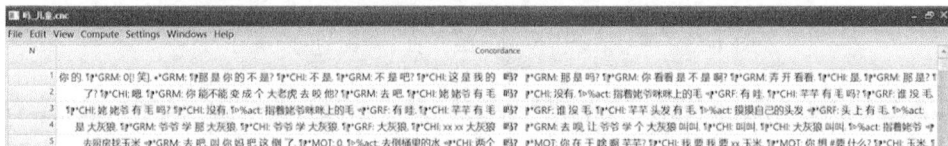

图 4-17　阶段 4 芊芊话语中"吗"问句索引行

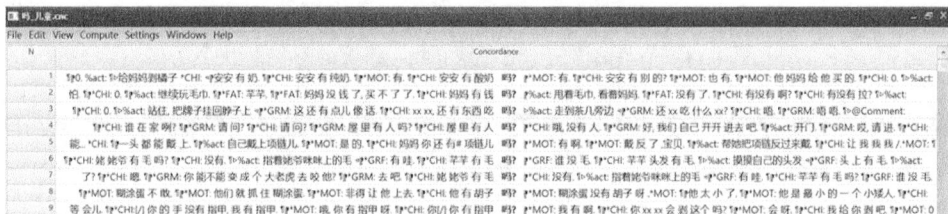

图 4-18　芊芊话语中"吗"跟"有"搭配的问句索引行

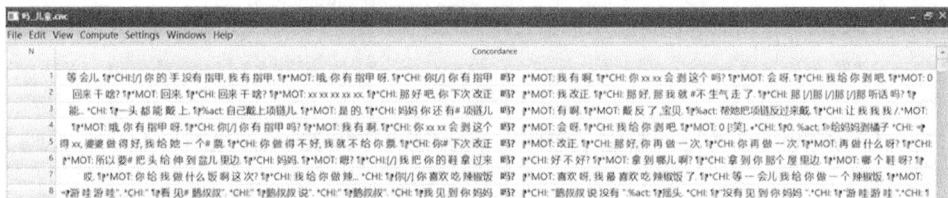

图 4-19　芊芊话语中"吗"跟"你"搭配的问句索引行

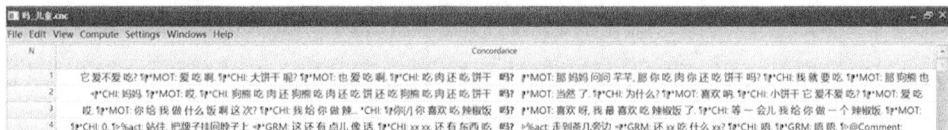

图 4-20　芊芊话语中"吗"跟"吃"搭配的问句索引行

4. 呢

疑问语气词"呢"一般位于句尾，表示提醒和深究的语气（共 45 句，见图 4-21），"呢"问句没有出现格式化倾向。芊芊从阶段 3 开始产出"呢"问句，"呢"前面既有名词也有句子（图 4-22）。此外，"呢"常跟"我"（共 7 次，见图 4-23）、"的"（共 6 次，见图 4-24）、"妈妈"（共 5 次，见图 4-25）等搭配。

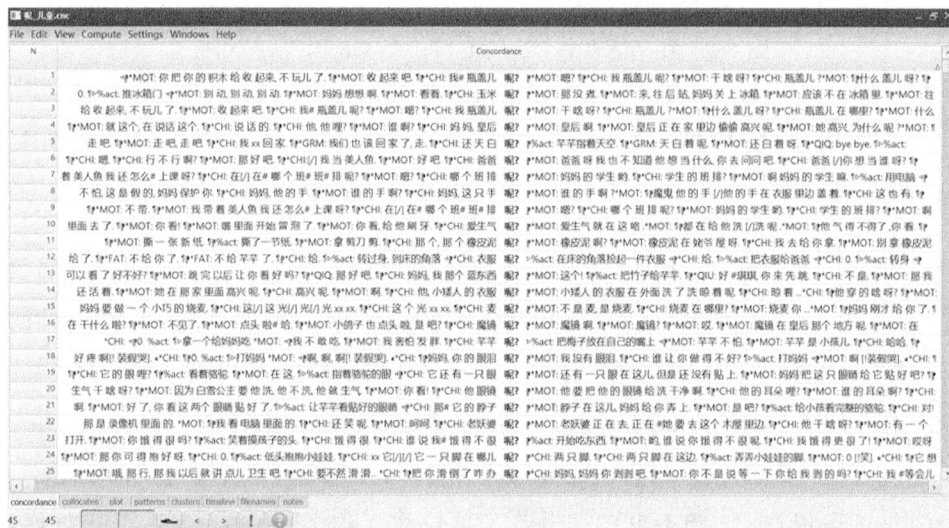

图 4-21 芊芊话语中"呢"问句索引行

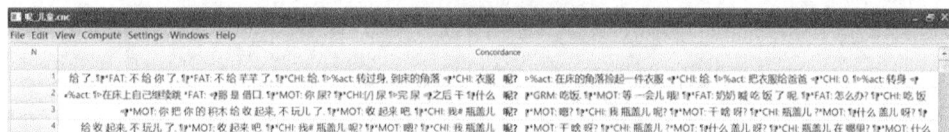

图 4-22 阶段 3 芊芊话语中"呢"问句索引行

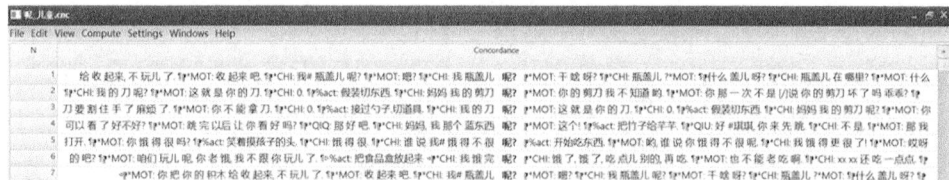

图 4-23 芊芊话语中"呢"跟"我"搭配的问句索引行

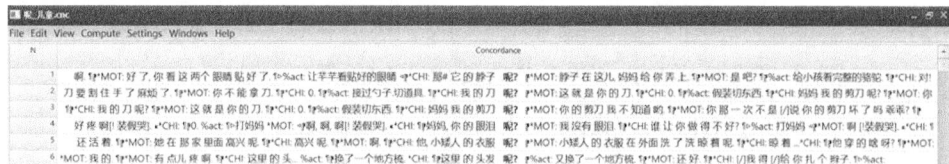

图 4-24 芊芊话语中"呢"跟"的"搭配的问句索引行

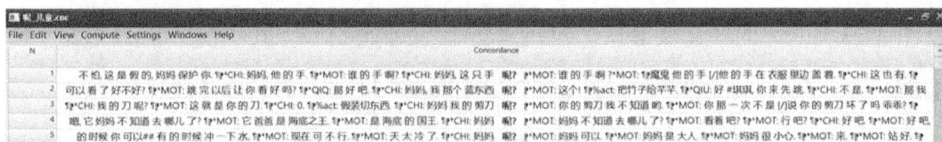

图 4-25 芊芊话语中"呢"跟"妈妈"搭配的问句索引行

4.2.2 疑问代词

1. 谁

疑问代词"谁"用来询问人物（共 66 句，见图 4-26），"谁"问句没有出现格式化倾向。芊芊阶段 1 产出了一句发音不清晰的"谁"问句，如例（4-9）。阶段 2，芊芊产出 2 句"谁"问句，其中一句"谁"是主语，如例（4-10），另外一句"谁"是宾语，如例（4-11）。之后，"谁"问句更加丰富多彩，如例（4-12）—（4-14）。此外，"谁"常跟"当"（共 16 次，见图 4-27）、"呀"（共 14 次，见图 4-28）、"了"（共 12 次，见图 4-29）、"啊"（共 12 次，见图 4-30）、"你"（共 11 次，见图 4-31）等搭配。词丛"谁让你"（共 6 次，见图 4-32）出现的频次较高。

图 4-26 芊芊话语中"谁"问句索引行

（4-9）@Situation：芊芊假装打电话. V1;6.2岁

　　CHI: 谁[?]啊[?]?

　　%act：把包的背带当电话放在耳朵旁说话

（4-10）@Situation：芊芊玩手机，假装打电话. V1;8.13岁

*CHI：婆婆.

*CHI：喂.

*CHI：谁呀?

%act：对着手机讲话

（4-11）@Situation：芊芊跟爷爷一起吃橘子. V1;8.13岁

*GRF：给爷爷一个呀.

*CHI：还给谁呀?

*CHI：0.

%act：又给爷爷一瓣橘子

（4-12）@Situation：芊芊和妈妈一起看动画片《白雪公主》. V2;6.28岁

*CHI：谁在里边啊?

（4-13）@Situation：芊芊和妈妈一起做手工. A2;8.13岁

*CHI：谁让你做得不好啊?

（4-14）@Situation：芊芊和婆婆聊天. A3;0.27岁

*CHI：我的劲儿被谁用了?

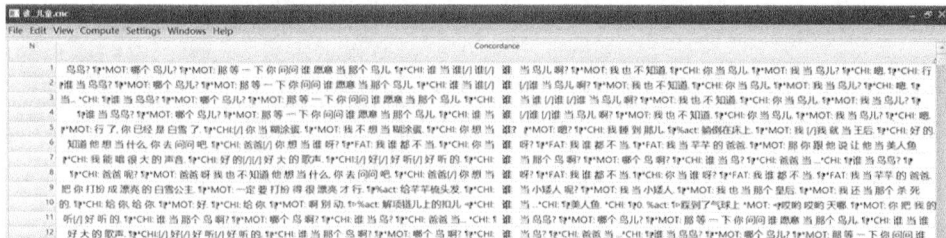

图 4-27　芊芊话语中"谁"跟"当"搭配的问句索引行

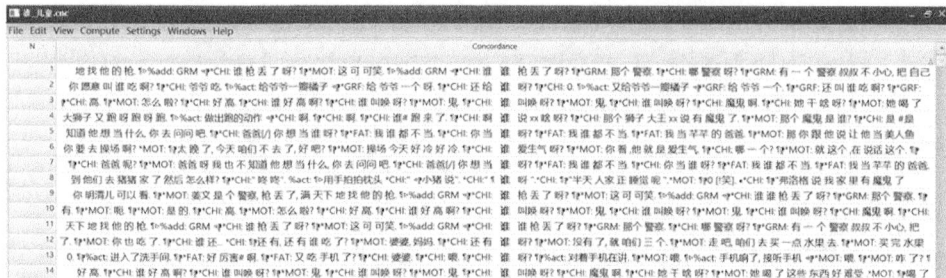

图 4-28　芊芊话语中"谁"跟"呀"搭配的问句索引行

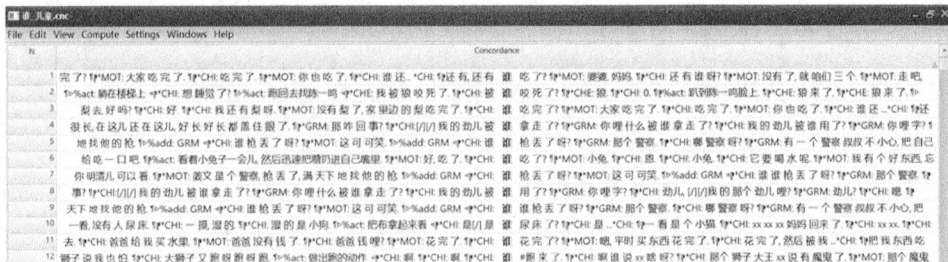

图 4-29　芊芊话语中"谁"跟"了"搭配的问句索引行

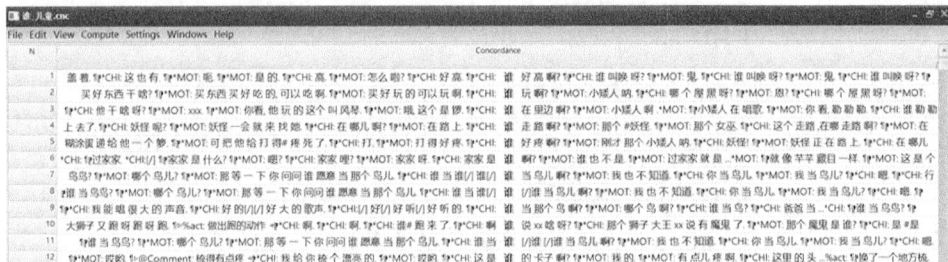

图 4-30　芊芊话语中"谁"跟"啊"搭配的问句索引行

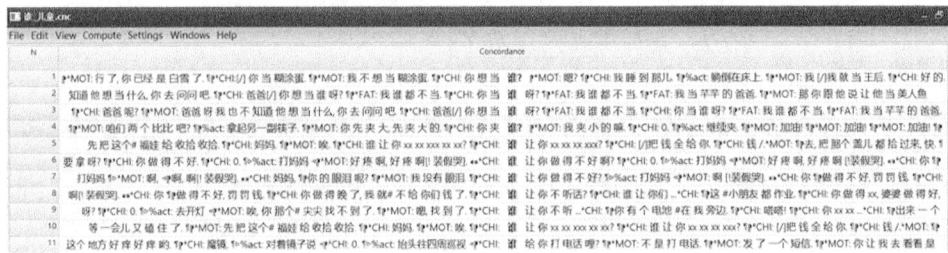

图 4-31　芊芊话语中"谁"跟"你"搭配的问句索引行

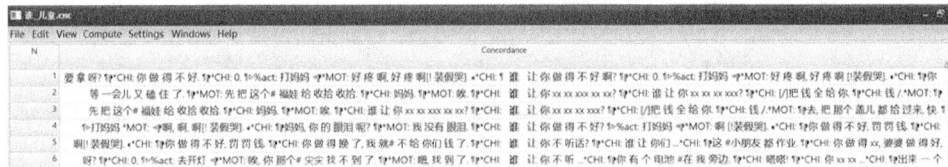

图 4-32　芊芊话语中词丛"谁让你"的问句索引行

2. 什么

疑问代词"什么"用来询问事物（共 40 句，见图 4-33），"什么"问句在发展阶段（阶段 3—5）出现格式化倾向，在成熟阶段（阶段 6—8）格式化倾向逐渐消退。芊芊阶段 3 开始产出"什么"问句，其中 4 句包含"叫什么"构式，如例（4-15），剩余两句包含"干什么"构式，如例（4-16）。芊芊阶段 4 没有产出"什么"问句。阶段 5 产出的两句"什么"问句都包含"要什么"构式，如例（4-17）。从阶段 6 开始，"什么"句式变得丰富多彩，如例（4-18）—（4-20）。此外，"什么"常跟"是"（共 9 次，见图 4-34）、"干"（共 8 次，见图 4-35）、"你"（共 7 次，见图 4-36）、"妈妈"（共 7 次，见图 4-37）等搭配。

图 4-33 芊芊话语中"什么"问句索引行

（4-15）@Situation：芊芊一边玩积木，一边跟爸爸聊天. V1;11.22岁

　　CHI: 爸爸妈妈叫什么?

（4-16）@Situation：该吃晚饭了，芊芊跟家里人待在一起. V1;11.22岁

　　CHI: 尿完尿之后干什么呢?

（4-17）@Situation：芊芊学习认识颜色. V2;5.9岁

　　CHI: 爸爸要什么颜色?

　　%act：低头准备在桶里找

（4-18）@Situation：芊芊跟妈妈玩儿. V2;8.27岁

　　MOT：看.

　　CHI: 是什么玩意儿?

（4-19）@Situation：有个车的警报器突然响了一下. A2;11.27岁

CHI: 什么响了一下?

（4-20）@Situation：芊芊生病了，要吃药. V3;0.14岁

CHI: 妈妈你看这个什么药?

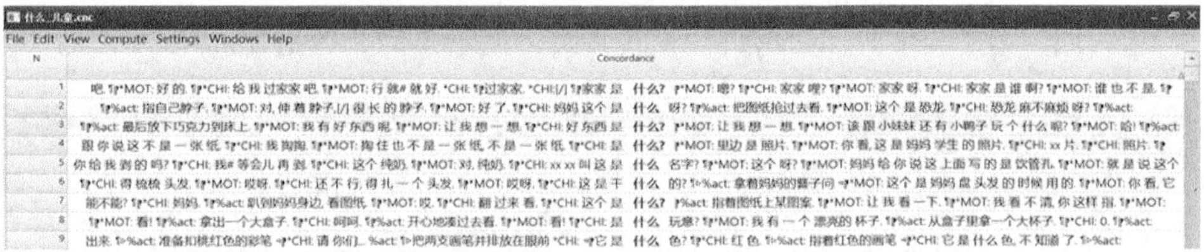

图4-34 芊芊话语中"什么"跟"是"搭配的问句索引行

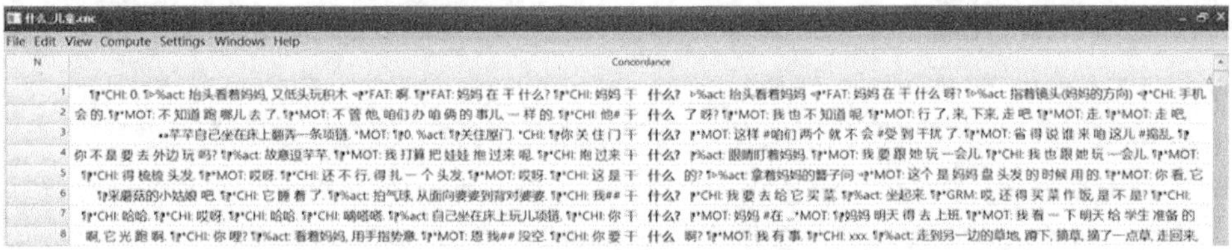

图4-35 芊芊话语中"什么"跟"干"搭配的问句索引行

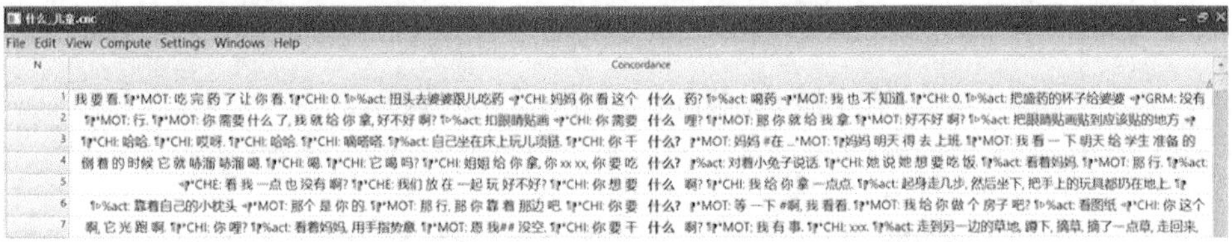

图4-36 芊芊话语中"什么"跟"你"搭配的问句索引行

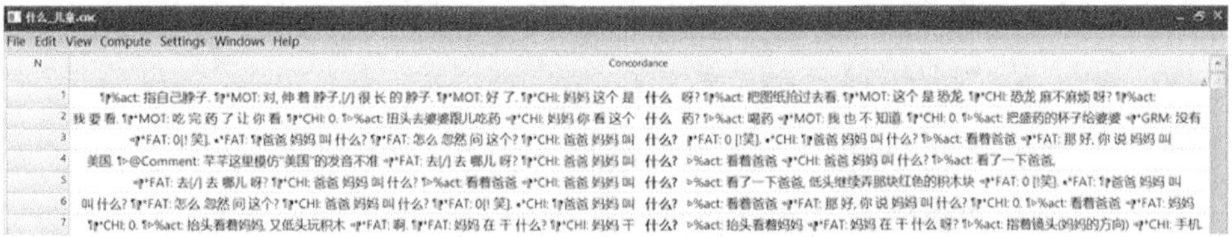

图4-37 芊芊话语中"什么"跟"妈妈"搭配的问句索引行

3. 为什么

疑问代词"为什么"用来询问原因（共30句，见图4-38），"为什么"问句

在发展阶段（阶段 6）出现格式化倾向，在成熟阶段（阶段 7—8）格式化倾向逐渐消退。芊芊从阶段 6 开始产出"为什么"问句，其中包含"为什么要"构式的问句占 80%，如例（4-21）。从阶段 7 开始，"为什么"问句的格式化倾向逐渐消退，问句变得丰富多彩，如例（4-22）—（4-24）。此外，"为什么"常跟"呀"（共 10 次，见图 4-39）、"啊"（共 9 次，见图 4-40）、"要"（共 6 次，见图 4-41）、"你"（共 5 次，见图 4-42）等搭配。

图 4-38　芊芊话语中"为什么"问句索引行

（4-21）@Situation：芊芊和妈妈玩过家家的游戏.A2;8.13岁

　　　　*CHI：你为什么要拿呀?

（4-22）@Situation：芊芊和妈妈一起放蚊帐，准备睡觉.V2;10.1岁

　　　　*CHI：蚊帐还有夹子，为什么有夹子啊?

（4-23）@Situation：芊芊吃过饭了，还非要吃葡萄干.V2;10.1岁

　　　　*CHI：我[/]我饿了.

　　　　*CHI：我[/]我[/]我为什么不能吃啊?

（4-24）@Situation：芊芊和妈妈讨论穿戴的问题.A2;11.27岁

　　　　*MOT：安安呐，安安是男生，男生不穿这样##的鞋.

　　　　*MOT：不穿水晶鞋，水晶鞋是女生穿的.

*CHI: 为什么女生#穿，男生不穿呢?

图 4-39 芊芊话语中"为什么"跟"呀"搭配的问句索引行

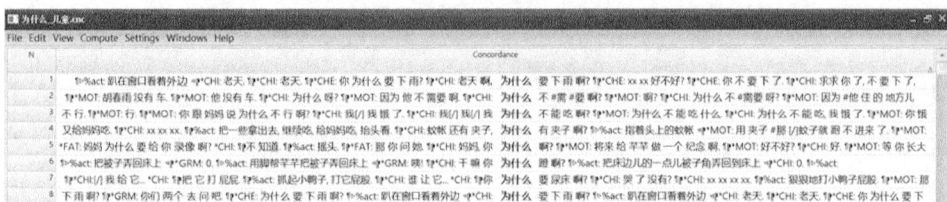

图 4-40 芊芊话语中"为什么"跟"啊"搭配的问句索引行

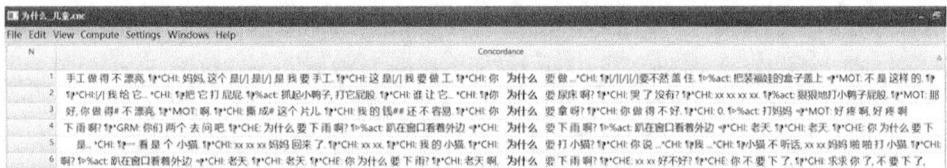

图 4-41 芊芊话语中"为什么"跟"要"搭配的问句索引行

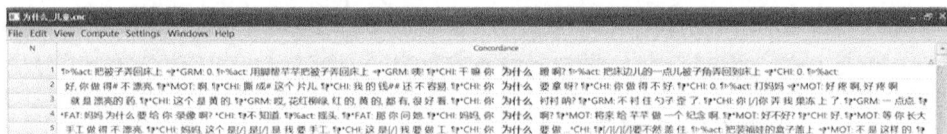

图 4-42 芊芊话语中"为什么"跟"你"搭配的问句索引行

4. 哪儿

疑问代词"哪儿"用来询问地点（共 29 句，见图 4-43），"哪儿"问句没有出现格式化倾向。芊芊从阶段 4 开始产出"哪儿"问句，句型一直丰富多彩，如例（4-25）—（4-27）。此外，"哪儿"常跟"了"（共 9 次，见图 4-44）、"在"（共 9 次，见图 4-45）、"呀"（共 7 次，见图 4-46）、"去"（共 5 次，见图 4-47）、"啊"（共 6 次，见图 4-48）等搭配。

图 4-43 芊芊话语中"哪儿"问句索引行

（4-25）@Situation：芊芊身上有些痒，让姑姑帮她挠挠. V2;1.16岁

*ZHA：到底哪儿呀？

*CHI：哪儿痒啊？

（4-26）@Situation：芊芊找不到婆婆了. A2;5.31岁

*CHI：婆婆，上哪儿了？

（4-27）@Situation：妈妈给芊芊买了一双新鞋子. A2;11.27岁

*CHI：在哪儿买的？

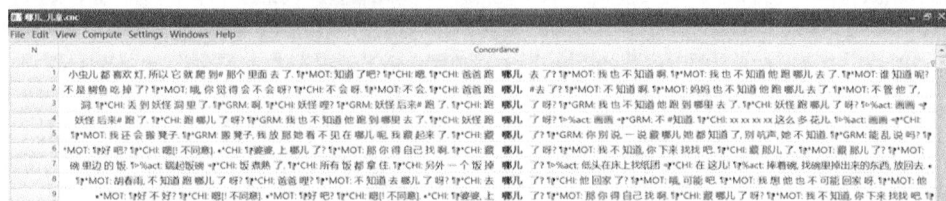

图 4-44 芊芊话语中"哪儿"跟"了"搭配的问句索引行

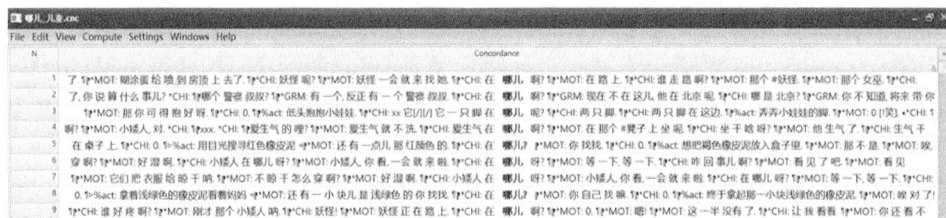

图 4-45 芊芊话语中"哪儿"跟"在"搭配的问句索引行

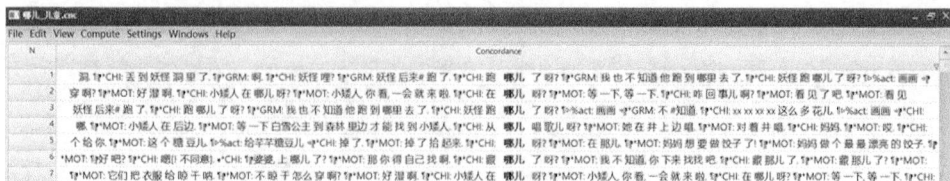

图 4-46　芊芊话语中"哪儿"跟"呀"搭配的问句索引行

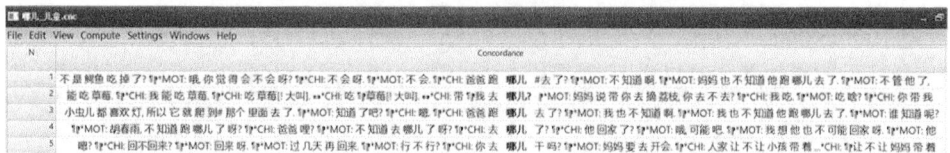

图 4-47　芊芊话语中"哪儿"跟"去"搭配的问句索引行

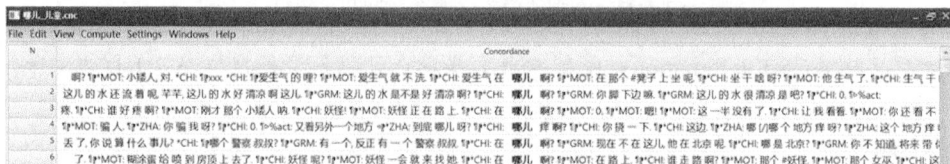

图 4-48　芊芊话语中"哪儿"跟"啊"搭配的问句索引行

5. 怎么

疑问代词"怎么"用来询问原因（共 21 句，见图 4-49），"怎么"问句在发

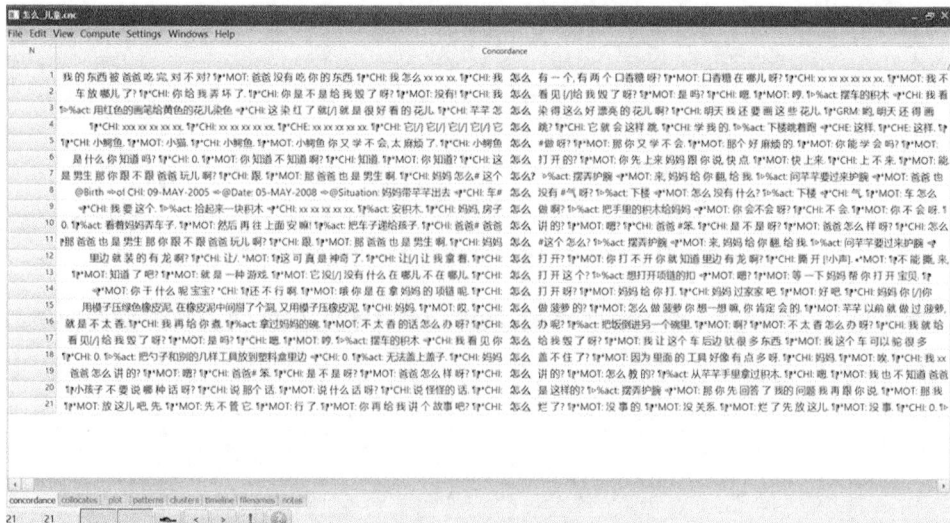

图 4-49　芊芊话语中"怎么"问句索引行

展阶段（阶段 5—6）出现格式化倾向，在成熟阶段（阶段 7—8）格式化倾向逐渐消退。芊芊阶段 5 产出了一句"怎么"问句，如例（4-28）。阶段 6 产出了四句"怎么"问句，都包含"怎么打开"构式，如例（4-29）。从阶段 7 开始，"怎么"问句的格式化倾向逐渐消退，变得丰富多彩，如例（4-30）—（4-32）。此外，"怎么"常跟"我"搭配（共 5 次，见图 4-50）。

（4-28）@Situation：芊芊给妈妈讲故事，突然发现果冻盒子破了.V2;6.16岁

　　　　*MOT：你再给我讲个故事吧?

　　　　*CHI：怎么烂了?

（4-29）@Situation：芊芊想玩妈妈的项链.V2;9.19岁

　　　　*CHI：怎么打开呀?

（4-30）@Situation：妈妈带芊芊出门，发现楼下停放的自行车轮胎
　　　　　　　　　　没有气了.A2;11.27岁

　　　　*CHI：车#怎么没有#气呀?

　　　　%act：下楼

（4-31）@Situation：芊芊往工具箱里面收玩具.V2;11.18岁

　　　　*CHI：妈妈怎么盖不住了?

（4-32）@Situation：芊芊和妈妈一起玩积木.V3;1.6岁

　　　　*CHI：我看见你怎么给我毁了呀?

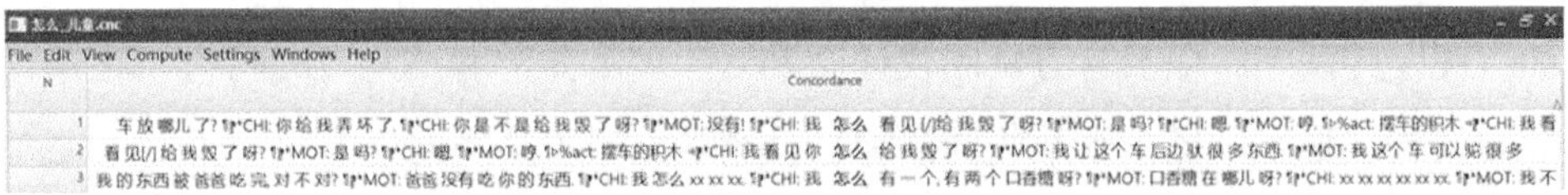

图 4-50　芊芊话语中"怎么"和"我"搭配的问句索引行

6. 哪里

疑问代词"哪里"用来询问地点（共 4 句，见图 4-51），问句全部包含"在哪里"构式，格式化倾向明显，如例（4-33）。

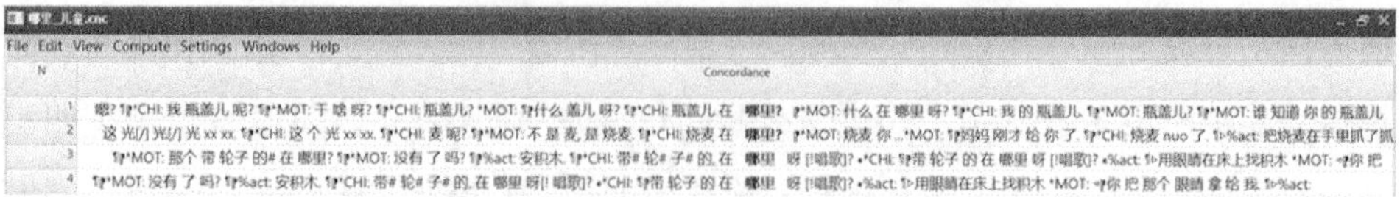

图 4-51　芊芊话语中"哪里"问句索引行

（4-33）@Situation：芊芊和妈妈一起玩积木. V3;1.6 岁

　　　*CHI：带#轮#子#的，在哪里呀[=! 唱歌]?

　　　*CHI：带轮子的在哪里呀[=! 唱歌]?

　　　%act：用眼睛在床上找积木

7. 几

疑问代词"几"用来询问数量（共 2 句，见图 4-52）。

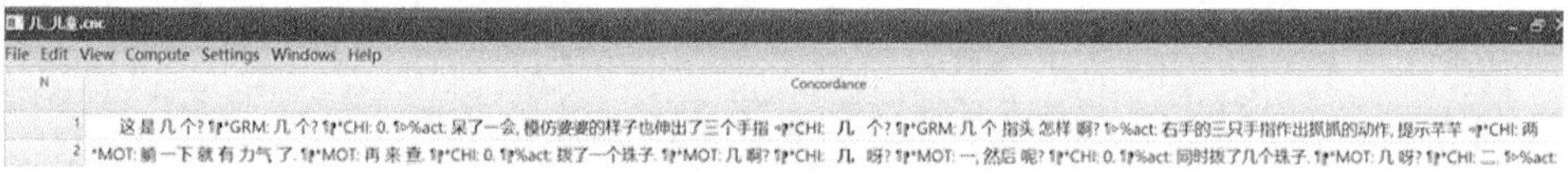

图 4-52　芊芊话语中"几"问句索引行

　　综上，在芊芊话语中，有些问句在发展阶段呈现出格式化的倾向，在成熟阶段格式化倾向逐渐消退，句型变得丰富多彩，如含有疑问语气词"啊"和"吧"的问句，以及含有疑问代词"什么"、"为什么"和"怎么"的问句。然而，有些问句却不存在格式化倾向，句型从一开始就丰富多样，如含有疑问语气词"吗"和"呢"的问句，以及含有疑问代词"谁"、"哪儿"和"几"的问句。此外，疑问代词"哪里"经常跟某些词搭配，会经常出现于某些词丛中。

4.3　儿童问句意图

　　表 4-2 显示了芊芊在各年龄段产出的不同意图问句数量。例如，在阶段 1，芊芊共产出了 2 个问句，其中非寻求信息类问句 1 句，如例（4-34），寻求信息类问句 1 句，如例（4-35）；在阶段 8，芊芊共产出了 128 个问句，其中非寻求信息

类问句 26 句，如例（4-36），寻求信息类问句 102 句，如例（4-37）。总体而言，从阶段 1 到阶段 8，芊芊共产出了 791 个问句，其中 238 句是非寻求信息类问句，553 句是寻求信息类问句。

表 4-2　芊芊各年龄段不同意图问句数量　　　（单位：句）

阶段	年龄	非寻求信息类问句	寻求信息类问句	总数
1	1;4—1;6	1	1	2
2	1;7—1;9	3	3	6
3	1;10—2;0	9	9	18
4	2;1—2;3	22	32	54
5	2;4—2;6	72	159	231
6	2;7—2;9	78	108	186
7	2;10—3;0	27	139	166
8	3;1—3;3	26	102	128
	总数	238	553	791

（4-34）阶段1，非寻求信息类问句

@Situation：芊芊拿走妈妈的红包. V1;6.23岁

*CHI：xxx.

%act：拿起红包，走到床头

*MOT：你拿这个红包干吗？

*CHI：xxx.

%act：手摆了一下，然后看看妈妈

*MOT：这不行.

*CHI：xxx xxx.

*MOT：啊？

*CHI：xxx xxx.

*MOT：说什么呀？

*CHI：剥剥.

*MOT：剥剥？

*CHI：剥剥.

*CHI：撕撕.

*FAT：撕开.

*FAT：不是剥剥.

*CHI：撕#开?

*FAT：对，撕开.

（4-35）阶段1，寻求信息类问句

@Situation：芊芊假装打电话. V1;6.2岁

*CHI：喂.

*CHI：喂.

*CHI：谁[?] 啊[?]?

%act：把包的背带当电话放在耳朵旁说话

*MOT：你给爷爷打个电话让爷爷#给你吃饭.

*MOT：给爷爷打个电话.

*MOT：会不会?

*CHI：0.

%act：看着妈妈

*CHI：爷爷.

%act：把包的背带放在耳朵旁说，然后又继续玩包包，把带子挂到
　　　脖子上

（4-36）阶段8，非寻求信息类问句

@Situation：芊芊画画. V3;2.11岁

*CHI：<这是>[/]这是葵花儿.

*GRM：还有葵花儿吗?

*CHI：嗯，我再给你画一枝，好不好?

*CHI：我再给你画一枝花儿吧?

*CHI：行不行?

%act：换了红色的彩笔

*GRM：好啊.

*CHI：画完花儿了我再画一，行不行?

*GRM：行啊.

（4-37）阶段8，寻求信息类问句

@Situation：芊芊画画. V3;2.11岁

*CHI：哪是绿色呀?

*GRM：你没有画绿色的，你画有绿色的它就是冷色的.

*CHI：为什么是冷色呀?

*GRM：哎，对.

*GRM：绿的，蓝的，都是冷色，黑的也是冷色.

*CHI：为什么?

*GRM：那是这么规定的呀，就是这样的.

　　图 4-53 显示，芊芊产出的不同意图类型的问句呈现出不同的发展趋势：寻求信息类问句呈现逐步增多的趋势；而非寻求信息类问句则呈现逐步减少的趋势。从阶段 1 到阶段 3，芊芊产出的寻求信息类问句和非寻求信息类问句各占 50%。从阶段 4 开始，芊芊产出的寻求信息类问句呈现出逐步增多的趋势，到阶段 8 增

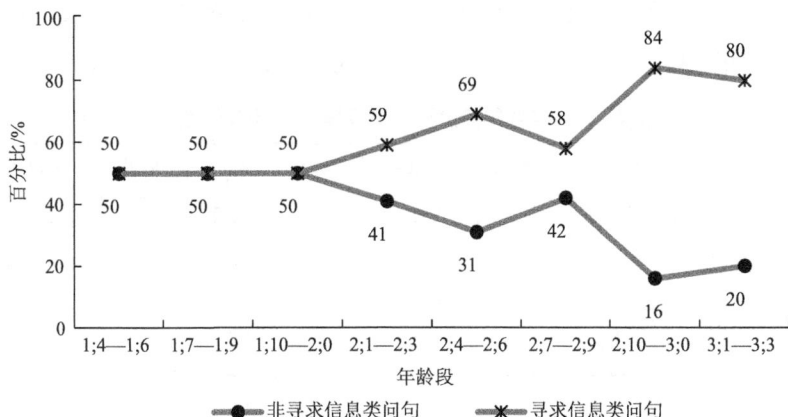

图 4-53　芊芊各年龄段非寻求信息类问句/寻求信息类问句产出状况

至 80%。从阶段 4 开始，芊芊产出的非寻求信息类问句呈现出逐步减少的趋势，到阶段 8 减至 20%。总体而言，芊芊产出的非寻求信息类问句占问句总数的 30%，寻求信息类问句占问句总数的 70%。

Chouinard（2007）对四名 1—5 岁说英语儿童的语料进行分析，发现儿童问句中 71%用于寻求信息，寻求信息类问句从阶段 1 到阶段 8 的占比分别是 91%、66%、72%、70%、74%、69%、70%和 77%。就寻求信息类问句在问句总数中的占比而言，本书和 Chouinard 得出的结论相似：芊芊语料中寻求信息类问句占 70%，说英语儿童语料中的寻求信息类问句占 71%（Chouinard 2007）。就寻求信息类问句在儿童各年龄段的发展趋势而言，本书和 Chouinard 得出的结论存在差异：芊芊语料中寻求信息类问句呈现逐步增多的趋势（50%、50%、50%、59%、69%、58%、84%和 80%）；然而，说英语儿童语料中寻求信息类问句在阶段 1（1;5—1;11 岁）占比高达 91%，之后的 7 个阶段（2;0—5;5 岁）基本在 70%左右徘徊（Chouinard 2007）。

表 4-3 显示了芊芊在各年龄段产出的寻求事实类问句和寻求解释类问句的数量。例如，从阶段 1 到阶段 4，芊芊仅产出寻求事实类问句，如例（4-38）；在阶段 8，芊芊共产出了 102 个问句，其中寻求事实类问句 78 句，如例（4-39），寻求解释类问句 24 句，如例（4-40）。总体而言，从阶段 1 到阶段 8，芊芊共产出了 553 个寻求信息类问句，其中 411 句是寻求事实类问句，142 句是寻求解释类问句。总体而言，芊芊产出的寻求事实类问句占话语总量的 4%，寻求解释类问句占话语总量的 1%[1]。芊芊产出的寻求事实类问句占寻求信息问句总数的 74%，寻

表 4-3　芊芊各年龄段寻求事实/解释类问句数量　　　　（单位：句）

类型	阶段 1 1;4—1;6	阶段 2 1;7—1;9	阶段 3 1;10—2;0	阶段 4 2;1—2;3	阶段 5 2;4—2;6	阶段 6 2;7—2;9	阶段 7 2;10—3;0	阶段 8 3;1—3;3	总数
寻求事实类问句	1	3	9	32	127	76	85	78	411
寻求解释类问句	0	0	0	0	32	32	54	24	142

---

[1] 表 4-1 显示，芊芊从阶段 1 到阶段 8 共产出了 10 087 句话。表 4-3 显示，芊芊从阶段 1 到阶段 8 共产出了 411 句寻求事实类问句，142 句寻求解释类问句。因此，芊芊产出的寻求事实类问句占话语总量的 4%，寻求解释类问句占话语总量的 1%。

求解释类问句占寻求信息问句总量的 26%。

（4-38）阶段4，寻求事实类问句

@Situation：芊芊和妈妈一起玩橡皮泥. A2;2.27岁

*MOT：这个是玉米糖做的糖豆儿.

*MOT：玉米做的糖豆儿.

*MOT：玉米糖豆儿.

*CHI：有没有阿尔匹斯糖啊?

*MOT：有，妈妈给你做一个阿尔匹斯糖豆儿#啊.

*CHI：妈，我要#阿尔匹斯糖[/]糖豆儿.

*CHI：妈，有没有啊?

*MOT：有，妈妈马上给你做一个#啊.

*MOT：这个就是阿尔匹斯糖豆儿.

%act：给芊芊做一个糖豆儿

（4-39）阶段8，寻求事实类问句

@Situation：芊芊和妈妈一起玩积木. V3;1.6岁

*CHI：哪个有比这个长的呀?

%act：拿了一个比较长的积木

*MOT：你比一比不就知道了吗?

%act：看着孩子

*CHI：知道.

%act：又拿了一块积木跟刚才拿的积木放在一起

（4-40）阶段8，寻求解释类问句

@Situation：芊芊和妈妈一起玩积木. V3;1.6岁

*CHI：为什么没有五?

*CHI：为什么没有五个?

*MOT：四个轮子就行了，不需要五个.

%act：拿着车子

*CHI：汽车是不是一二三四?

%act：数着积木上的四个轮子

*MOT：对呀.

图4-54 显示，芊芊产出的不同寻求信息类问句呈现出不同的发展趋势：寻求事实类问句呈现减少的趋势；而寻求解释类问句则呈现逐步增多的趋势。从阶段1到阶段4，芊芊仅产出寻求事实类问句；从阶段5开始，芊芊产出的寻求解释类问句呈现出逐步增多的趋势，到阶段7增至39%，到阶段8回落至24%。

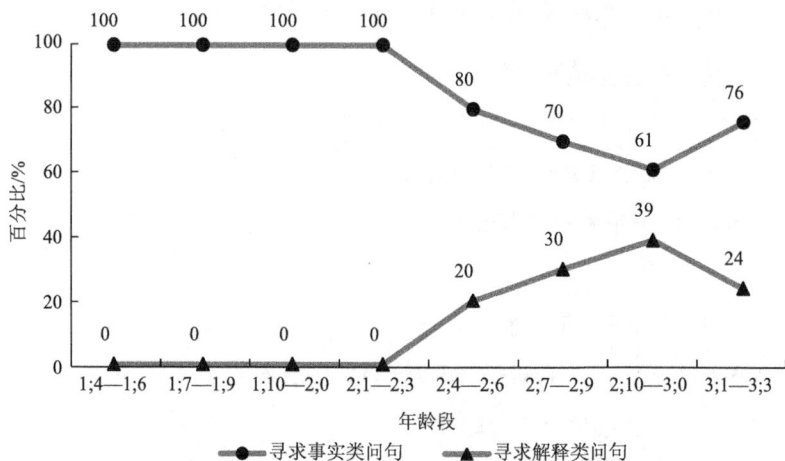

图 4-54 芊芊各年龄段寻求事实/解释类问句产出状况

Smith（1933）调查了 1;6—6;0 岁儿童语料，发现寻求解释的问句从 2;5 岁开始出现，3;0—5;0 岁呈现逐步增多的趋势（其数量占儿童话语总数的 8%）。Tyack和 Ingram（1977）调查了 2;0—3;0 岁儿童问句习得，发现寻求解释的问句占儿童话语总数的 7%。Hood 等（1979）发现，寻求解释的问句从 2;6 岁左右开始出现，且会随着儿童年龄的增长而增多。Chouinard（2007）发现，儿童寻求解释的问句占寻求信息问句总量的 23%—26%，在儿童 3;0 岁左右达到峰值。Gauvain 等（2013）对来自 4 种非西方文化的 96 名 3—5 岁儿童的语料进行分析，发现寻求解释类问句仅占寻求信息问句总量的 4.5%。就寻求解释类问句占话语总量的比例而言，本书和前人研究结果差异较大：芊芊语料中寻求解释类问句占 1%；Smith（1933）

发现 1;6—6;0 岁儿童语料中寻求解释类问句占 8%；Tyack 和 Ingram（1977）发现 2;0—3;0 岁儿童语料中寻求解释类问句占 7%。就寻求解释类问句占寻求信息类问句总量的比例而言，本书和 Chouinard（2007）的结果相似：芊芊语料中寻求解释类问句占 26%；说英语儿童语料中寻求解释类问句占 23%—26%。此外，本书和 Chouinard（2007）的研究都发现类似的规律：寻求解释类问句在儿童 3;0 岁左右达到峰值。

4.4　儿童问句内容

表 4-4 显示了芊芊在各年龄段产出的不同内容问句数量。例如，在阶段 1，芊芊仅产出 1 个标签类问句；在阶段 8，芊芊共产出了 102 个问句，其中行为类和地点类问句最多。总体而言，从阶段 1 到阶段 8，芊芊共产出了 553 个寻求信息类问句，其中行为类问句最多，共 153 句，层级类问句最少，为 0 句。

表 4-4　芊芊各年龄段不同内容问句数量　　　（单位：句）

内容	阶段 1 1;4—1;6	阶段 2 1;7—1;9	阶段 3 1;10—2;0	阶段 4 2;1—2;3	阶段 5 2;4—2;6	阶段 6 2;7—2;9	阶段 7 2;10—3;0	阶段 8 3;1—3;3	总数
外表	0	0	0	1	2	12	15	13	43
属性	0	0	0	0	0	0	1	0	1
部分	0	0	2	0	0	0	1	5	8
功能	0	0	0	0	0	1	1	0	2
行为	0	1	0	6	57	29	32	28	153
心理理论	0	0	0	0	32	15	13	12	72
状态	0	0	0	2	2	4	21	3	32
数	0	0	0	1	1	0	0	1	3
标签	1	1	2	1	12	9	2	5	33
归属	0	0	0	14	3	12	7	4	40
地点	0	1	5	7	27	8	32	19	99
层级	0	0	0	0	0	0	0	0	0
归纳	0	0	0	0	0	0	3	0	3
身份	0	0	0	0	23	17	11	9	60
不确定	0	0	0	0	0	1	0	3	4
总数	1	3	9	32	159	108	139	102	553

图 4-55 显示了芊芊产出的不同内容问句的分布情况。产出较多的类别是行为（28%）、地点（18%）、心理理论（13%）等，产出较少的类别是部分（1%）、数（1%）、归纳（1%）等。

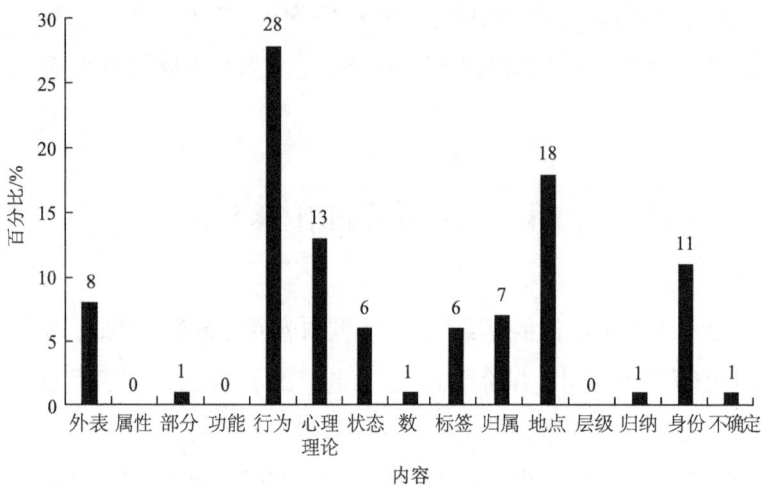

图 4-55 芊芊语料中不同内容问句分布情况

Chouinard（2007）的研究显示，说英语儿童产出的功能、行为、心理理论、状态和身份类的问句较多，他们产出的外表、属性、部分、数、归属和归纳类问句较少。本书和 Chouinard（2007）的研究都表明：行为、地点、心理理论、身份类问句占比都较高；部分、数、归纳、属性和层级类问句占比都较低。然而，就外表类和归属类问句而言，本书和 Chouinard（2007）的研究却得出了相反的结论：芊芊产出的外表类问句和归属类问句都占比较高，而说英语儿童产出的这两类问句却较少；芊芊产出的功能类问句占比很低，而说英语儿童产出的此类问句却较多。

图 4-56 显示了芊芊各年龄段不同内容问句的发展情况：从阶段 1 到阶段 3，不同内容问句的类型总体比较少；从阶段 4 开始，问句内容呈现多元化趋势。值得一提的是，标签类问句从阶段 1 到阶段 8 的占比分别是 100%、33%、22%、3%、8%、8%、1% 和 5%，地点类问句从阶段 1 到阶段 8 的占比分别是 0%、33%、56%、22%、17%、7%、23% 和 19%。

Chouinard（2007）的研究显示，儿童在比较小的时候，产出很多标签类和地点类问句，但随着年龄的增长，这两类问句占比会逐渐减少。本书也表明，芊芊

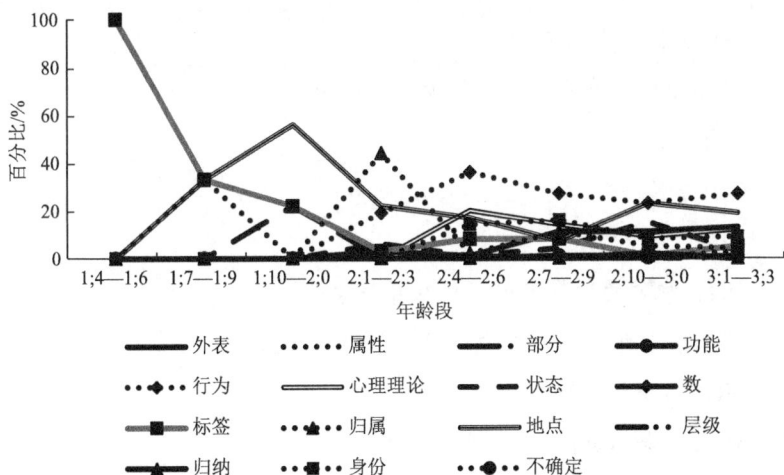

图 4-56 芊芊各年龄段不同内容问句发展情况

从阶段 1 到阶段 3（1;4—2;0 岁）产出较多的标签类问句，之后标签类问句占比就显著减少了。本书和 Chouinard（2007）的研究都显示，在儿童词汇爆炸期间，他们产出较多的标签类问句，这表明儿童产出的标签类问句的情况与其认知发展是一致的。就地点类问句而言，本书跟 Chouinard（2007）的研究发现不一致：芊芊在阶段 1 到阶段 3 产出的地点类问句占比呈现逐步增多的趋势，之后降至 20%左右；说英语儿童产出的地点类问句却呈现出逐步减少的趋势。

图 4-57 显示，芊芊在阶段 1（1;4—1;6 岁）仅出现了一种内容的问句：标签类问句［100%，如例（4-41）］。

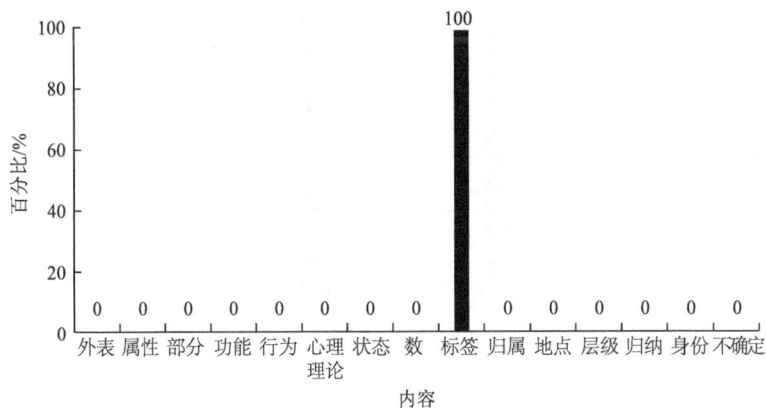

图 4-57 阶段 1 芊芊不同内容问句分布

（4-41）标签类问句

@Situation：芊芊假装打电话. V1;6.2岁

*CHI：喂.

*CHI：喂.

*CHI：谁[?]啊[?]?

%act：把包的背带当电话放在耳朵旁说话

*MOT：你给爷爷打个电话让爷爷#给你吃饭.

*MOT：给爷爷打个电话.

*MOT：会不会?

*CHI：0.

%act：看着妈妈

*CHI：爷爷.

%act：把包的背带放在耳朵旁说，然后又继续玩包包，把带子挂到
脖子上

图 4-58 显示，芊芊在阶段 2（1;7—1;9 岁）共产出了行为类［如例（4-42）］、标签类［如例（4-43）］和地点类［如例（4-44）］三种不同内容的问句，这三种问句的占比均为 33%。

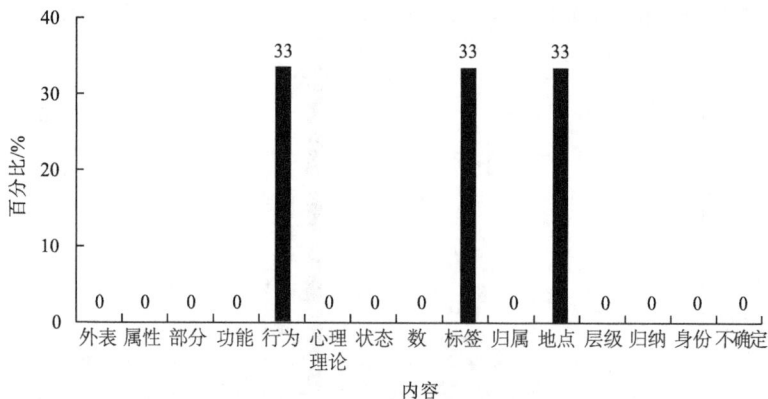

图 4-58　阶段 2 芊芊不同内容问句分布

（4-42）行为类

@Situation：芊芊把床弄脏了，跟爸爸商量怎么办. V1;9.10岁

*CHI：+<脏了.

%act：蹲下看着床上脏了的地方

*FAT：脏了？

*CHI：嗯.

*CHI：脏了.

%act：看着脏了的地方

*FAT：那怎么办啊？

*CHI：咋办啊？

%act：继续看着脏了的地方

*FAT：怎么办芊芊？

*FAT：妈妈回来.

%act：指着脏了的地方

*CHI：妈打屁股.

%act：坐下来看着爸爸

*FAT：哦.

*FAT：你[/]你#妈妈打屁屁是不是？

*CHI：打屁屁.

%act：看着爸爸点头

*FAT：那怎么办啊芊芊？

*CHI：听歌.

%act：起来走向手机

*FAT：洗洗是不是都好了？

*CHI：+<听歌.

%act：坐下弄手机

*FAT：芊芊.

*CHI：听歌.

%act：弄手机

*FAT：我们是不是把它一洗就干净了？

*FAT：妈妈就不再打了？

*CHI：听歌.

%act：没有理会爸爸，拿起手机站起来

（4-43）标签类

@Situation：芊芊玩手机，假装打电话，突然婆婆打过来电话.
V1;8.13岁

*CHI：谁呀?

%act：对着手机讲话

*MOT：喂.

%act：手机响了，接听手机

*MOT：喂.

*MOT：咋了？

*MOT：妈，等一下儿.

%act：跟芊芊婆婆讲电话

*FAT：快，婆婆的电话.

*FAT：婆婆的电话.

（4-44）地点类

@Situation：芊芊和爸爸聊天. V1;9.10岁

*FAT：你的小白兔呢？

*CHI：去哪了?

%act：转头看笔

*FAT：去哪了你知道不知道？

*CHI：0.

%act：看着笔

*FAT：你知道不知道啊？

*CHI：小兔.

%act：想了很久转过头回答爸爸

*FAT：小白兔去哪了？

*CHI：白兔回家了.

%act：看着爸爸

图 4-59 显示，芊芊在阶段 3（1;10—2;0 岁）共产出了三种不同内容的问句：地点类［56%，如例（4-45）］、部分类［22%，如例（4-46）］和标签类［22%，如例（4-47）］。其中，地点类问句占比最高。

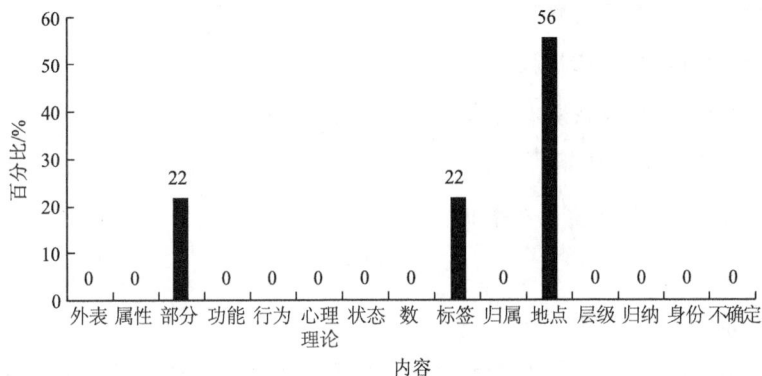

图 4-59　阶段 3 芊芊不同内容问句分布

（4-45）地点类

@Situation：芊芊和妈妈一起玩积木，却突然要找她的瓶盖儿.

　　　　　　 V2;0.10岁

*MOT：你把你的积木给收起来，不玩儿了.

*MOT：收起来吧.

*CHI：我#瓶盖儿呢？

*MOT：嗯？

*CHI：我瓶盖儿呢？

*MOT：干啥呀？

*CHI：瓶盖儿？

*MOT：什么盖儿呀？

*CHI：*瓶盖儿在哪里?*

*MOT：什么在哪里呀?

*CHI：我的瓶盖儿.

*MOT：瓶盖儿?

*MOT：谁知道你的瓶盖儿在哪里?

*MOT：我也不知道.

*CHI：这##瓶盖儿.

*MOT：哦,你说瓶盖儿#在妈妈坐的这个桶里头?

*MOT：是不是啊?

*MOT：你自己找找.

*MOT：你找找看有没有?

*CHI：在这里.

%act：翻妈妈坐的积木桶

（4-46）部分类

@Situation：芊芊和爷爷一起拼积木,芊芊负责找积木,爷爷负责
拼装. V2;0.10岁

*CHI：给.

*CHI：给.

%act：又拿了一块积木给爷爷

*GRF：0.

%act：没有接

*CHI：0.

%act：自己把积木放到盒子上

*CHI：*是不是?*

*CHI：*是不是?*

*GRF：是不是爷爷都知道是不是.

%act：把刚摆好的小汽车放到盒子上

*CHI：*是不是?*

*CHI：*是不是?*

*GRF：*你说是不是?*

%act：拿着看床上的积木

*CHI：别拿多了.

*CHI：玩不成了.

（4-47）标签类

@Situation：芊芊一边玩积木，一边跟爸爸聊天. V1;11.22岁

*CHI：*爸爸妈妈叫什么?*

%act：看着爸爸

*CHI：*爸爸妈妈叫什么?*

%act：看了一下爸爸，低头继续弄那块红色的积木块

*FAT：0[=! 笑].

*FAT：爸爸妈妈叫什么?

*FAT：怎么忽然问这个?

CHI：+<爸爸妈妈叫什么?*

*FAT：0[=! 笑].

*CHI：*爸爸妈妈叫什么?*

%act：看着爸爸

*FAT：那好，你说：妈妈叫什么?

*CHI：0.

%act：看着爸爸

*FAT：妈妈叫什么?

*CHI：0.

%act：低头继续弄那块红色的积木块

*CHI：0[=! 尖叫].

%act：看了一下爸爸，低头继续弄那块红色的积木块

*CHI：xxx.

*FAT：芊芊?

*CHI：嗯?

*FAT：妈妈的妈妈是?

*CHI：叫婆婆.

%act：一直弄那块红色的积木块

*FAT：哦!

*FAT：妈妈的妈妈叫婆婆.

*FAT：爸爸的妈妈叫?

*CHI：爸爸.

%act：看着爸爸

*FAT：爸爸的妈妈叫?

*CHI：叫胡×.

@Comment：胡×是爸爸的小名.

*FAT：0[=! 笑].

*FAT：爸爸叫胡×.

*FAT：爸爸的妈妈叫?

*CHI：叫胡×.

%act：看着爸爸

*CHI：叫胡×.

%act：低头去捡掉下去的那块红色积木块

*FAT：+<叫奶奶.

图 4-60 显示，芊芊在阶段 4（2;1—2;3 岁）共产出了七种不同内容的问句：归属类［44%，如例（4-48）］、地点类［22%，如例（4-49）］、行为类［19%，如例（4-50）］、状态类［6%，如例（4-51）］、外表类［3%，如例（4-52）］、数类［3%，如例（4-53）］和标签类［3%，如例（4-54）］。

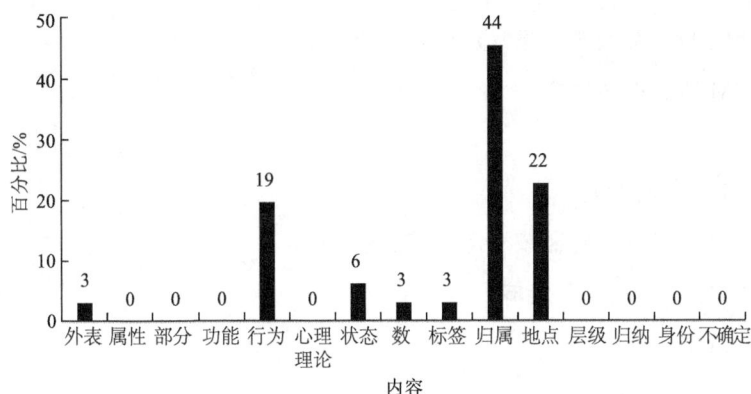

图 4-60　阶段 4 芊芊不同内容问句分布

（4-48）归属类

@Situation：婆婆在洗太姥姥的衣服，芊芊和婆婆聊天. A2;2.27岁

*CHI：这是我的吗?

*GRM：那是吗?

*GRM：你看看是不是啊?

*GRM：弄开看看.

*CHI：是.

*GRM：那是?

*GRM：是你的吗?

*GRM：你看看是不是?

*CHI：我的#裤.

*GRM：你的裤子就那么大吗?

*GRM：0[=! 笑].

（4-49）地点类

@Situation：芊芊和妈妈一起玩橡皮泥. V2;3.5岁

*MOT：芊芊，你用橡皮泥#给我做一个小老鼠吧?

*CHI：哪有橡皮泥?

*MOT：有，你桌子上都是嘛.

*MOT：你用那个橡皮泥做一个小老鼠.

*MOT：会不会啊?

（4-50）行为类

@Situation：突然有人放炮. V2;2.19岁

*CHI：不响了, 没有.

*CHI：不响了.

*CHI：去吧.

*MOT：人家放炮放完了就不响了.

*CHI：xxx xxx xxx.

%act：看电视

*CHI：xxx放屁了.

*CHI：大炮[?] 大炮[?] 出来不出来了?

%act：往窗台上爬

*CHI：大炮[?]出来.

*CHI：xxx一xxx, 好不好?

*CHI：出来.

*CHI：大家[?]玩一下xxx.

（4-51）状态类

@Situation：婆婆说有煮好的玉米, 芊芊去找玉米吃. V2;2.19岁

*CHI：玉[/]玉米[/]玉米#没有.

*GRF：吃了.

*GRF：姥爷吃了.

*CHI：吃完?

*GRF：姥爷吃完了.

*CHI：玉[/]玉米找不着.

（4-52）外表类

@Situation：芊芊跟婆婆聊天．V2;2.9岁

*CHI：*xxx芊芊脚长不长?*

%act：看着自己的脚

*GRM：她脚就是长不长．

%act：按一下芊芊的脚

*CHI：长呀．

*GRM：谁说长啊?

*CHI：<>妈妈[/]妈妈脚长．

*GRM：妈妈脚+…

*GRM：你+…

*GRM：妈妈你俩哩+…

*GRM：你去跟爷爷比比脚，看姥爷你俩的脚谁的脚长．

*GRM：比比．

*CHI：0.

%act：走到姥爷旁边

*GRM：坐这儿比比．

*GRM：比比看谁的脚长．

*CHI：0.

%act：把自己的脚跟姥爷的脚放在一起

*CHI：芊芊脚长．

*CHI：芊芊脚长．

%act：站起来

*GRM：<你不给他>[/]你不给他比脚了?

*GRM：谁的脚长啊?

*CHI：芊芊脚长．

（4-53）数类

@Situation：婆婆说有煮好的玉米，芊芊去找玉米吃．V2;2.19岁

*GRM：我跟你说，妈妈在那边煮的有玉米.

*GRM：你去吃点儿行不行啊?

*CHI：行.

%act：去厨房找玉米

*GRM：去吧，叫你妈把这倒了.

*MOT：0.

%act：去倒桶里的水

*CHI：两个吗?

*MOT：你在干啥啊，芊芊?

*CHI：<我要>[/]我要xxx玉米.

*MOT：你想#要什么?

*CHI：玉米.

*MOT：等一下妈妈把水倒了给你拿.

（4-54）标签类

@Situation：芊芊和妈妈一起玩橡皮泥.A2;2.27岁

*CHI：大鲸鱼.

*MOT：一个糖豆儿.

*MOT：妈妈再做一个.

*MOT：哦，那个不是鲸鱼，芊芊.

*CHI：海豚?

*MOT：我看看是什么#啊.

*MOT：哦，对，是海豚.

图 4-61 显示，芊芊在阶段 5（2;4—2;6 岁）共产出了九种不同内容的问句：行为类［36%，如例（4-55）］、心理理论类［20%，如例（4-56）］、地点类［17%，如例（4-57）］、身份类［14%，如例（4-58）］、标签类［8%，如例（4-59）］、归属类［2%，如例（4-60）］、外表类［1%，如例（4-61）］、状态类［1%，如例（4-62）］和数类［1%，如例（4-63）］。

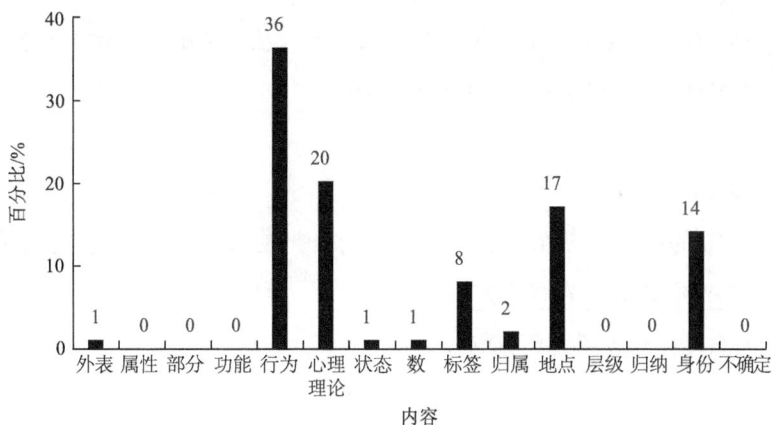

图 4-61 阶段 5 芊芊不同内容问句分布

（4-55）行为类

@Situation：芊芊跟婆婆聊天，谈到空调的温度设置. V2;4.4 岁

*GRM：27℃，我说哩.

*GRM：太低了.

*GRM：冷.

*GRM：28℃都中.

%act：把空调温度调高

*CHI：开空调没有?

*GRM：开了，已经开了.

（4-56）心理理论类

@Situation：芊芊和妈妈一起看动画片《白雪公主》. V2;6.28 岁

*CHI：找小木屋干啥?

*MOT：那#白雪公主晚上的时候没有地方睡觉.

*MOT：她需要找一个地方睡觉呀.

*CHI：怕不怕?

*MOT：不怕.

*CHI：不怕干啥呀?

*MOT：因为那个小木屋不是女巫的小木屋，是小矮人的小木屋.

*MOT：小矮人#好喜欢白雪公主呢.

（4-57）地点类

@Situation：芊芊在操场玩儿，找不到婆婆了，让妈妈帮忙找.A2;5.31岁

*CHI：*婆婆，上哪儿了?*

*MOT：那你得自己找啊.

（4-58）身份类

@Situation：芊芊和妈妈一起看动画片《白雪公主》.V2;6.28岁

*CHI：*谁爱生气呀?*

*MOT：你看，他就是爱生气.

*CHI：哪一个?

*MOT：就这个，在说话这个.

*CHI：说话的.

（4-59）标签类

@Situation：芊芊和妈妈一起看动画片《白雪公主》.V2;6.28岁

*CHI：*这啥呀?*

*MOT：那是个钟表.

*MOT：他们该要下班了.

*MOT：钟表到了五点钟就该要下班回家了.

*MOT：该回家吃饭了.

（4-60）归属类

@Situation：芊芊和妈妈一起看动画片《白雪公主》.V2;6.28岁

*CHI：*这是谁的衣服?*

*MOT：这是七个小矮人的衣服呀.

（4-61）外表类

@Situation：芊芊和妈妈一起看动画片《白雪公主》. V2;6.28岁

*CHI：他, 小矮人的衣服呢?

*MOT：小矮人的衣服在外面洗了洗晾着呢.

*CHI：晾着+...

*CHI：他穿的啥呀?

*MOT：他现在+...

*MOT：他有很多衣服呀.

*MOT：有的衣服洗了, 有的衣服没有洗啊.

（4-62）状态类

@Situation：芊芊给妈妈讲故事, 突然发现果冻盒子破了. V2;6.16岁

*MOT：你再给我讲个故事吧?

*CHI：怎么烂了?

*MOT：没事的.

*MOT：没关系.

*MOT：烂了先放这儿.

*MOT：没事.

*CHI：0.

%act：摸果冻盒

*MOT：不管它了.

*MOT：不管它了.

（4-63）数类

@Situation：婆婆教芊芊数数. V2;5.9岁

*GRM：这是几个, 乖乖?

%act：伸出右手的三个手指

*CHI：八个.

%act：很爽快地回答

*GRM：哎，没看准.

*GRM：这是几个?

*GRM：几个?

*CHI：0.

%act：待了一会儿，模仿婆婆的样子也伸出了三个手指

*CHI：几个?

*GRM：几个指头怎样啊?

%act：右手的三个手指作出抓抓的动作，提示芊芊

*CHI：两+...

*GRM：哎，再想这几个.

图 4-62 显示，芊芊在阶段 6（2;7—2;9 岁）共产出了十种不同内容的问句：行为类［27%，如例（4-64）］、身份类［16%，如例（4-65）］、心理理论类［14%，如例（4-66）］、外表类［11%，如例（4-67）］、归属类［11%，如例（4-68）］、标签类［8%，如例（4-69）］、地点类［7%，如例（4-70）］、状态类［4%，如例（4-71）］、功能类［1%，如例（4-72）］和不确定类［1%，如例（4-73）］。

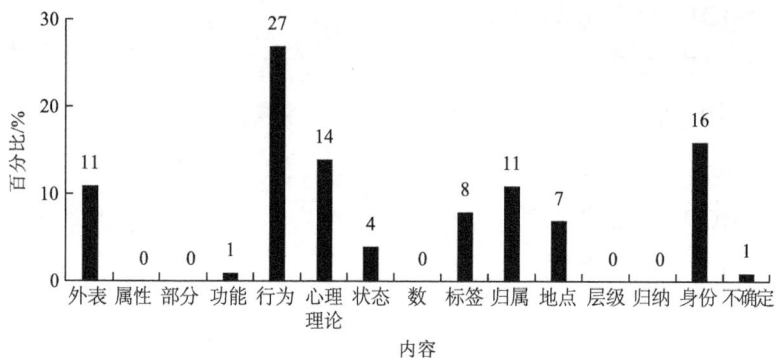

图 4-62　阶段 6 芊芊不同内容问句分布

（4-64）行为类

@Situation：妈妈给芊芊买了小玩具.A2;8.13岁

*CHI：有.

*MOT：啊，是吗？

*MOT：这个小包包儿里边就装的有龙啊？

*CHI：让+/.

*MOT：这可真是神奇了.

*CHI：让[/]让我拿着.

*CHI：怎么打开？

*MOT：你打不开你就知道里边有龙啊？

*CHI：撕开[=! 小声].

*MOT：不能撕，来，妈妈帮你打.

*MOT：给，打吧.

%act：帮芊芊把包打开

*CHI：没有龙.

（4-65）身份类

@Situation：芊芊和妈妈一起玩儿. V2;9.19岁

*CHI：跟我过家家吧.

*MOT：行，就#就好.

*CHI：过家家.

*CHI：<家家>[/]家家是什么？

*MOT：嗯？

*CHI：家家哩？

*MOT：家家呀.

*CHI：家家是谁啊？

*MOT：谁也不是.

*MOT：过家家就是+...

*MOT：就像芊芊藏目一样.

*MOT：这是个游戏的名称.

*MOT：知道了吧？

*MOT：就是一种游戏.

*MOT：它没[/]没有什么在哪儿不在哪儿.

（4-66）心理理论类

@Situation：芊芊玩过家家的游戏. V2;9.19岁

*CHI：<我当>[/]我当美人鱼.

*MOT：好吧.

*CHI：爸爸呢?

*MOT：爸爸呀，我也不知道他想当什么，你去问问吧.

*CHI：爸爸<你想当>[/]你想当谁呀?

*FAT：我谁都不当.

*CHI：你当谁呀?

*FAT：我谁都不当.

*FAT：我当芊芊的爸爸.

*MOT：那你跟他说让他当美人鱼爸爸行不行.

*CHI：你当美人鱼爸爸行不行?

*FAT：我不当美人鱼爸爸，我当芊芊的爸爸.

（4-67）外表类

@Situation：妈妈要把芊芊打扮成白雪公主. V2;9.19岁

*MOT：我把你#打扮成白雪公主吧?

*CHI：好.

*MOT：行不行啊?

*CHI：行.

*MOT：那怎么打扮成白雪公主呢?

*CHI：她戴项链儿吧?

%act：摸摸妈妈手里拿的项链儿

*MOT：戴呀.

（4-68）归属类

@Situation：芊芊跟妈妈聊小伙伴安安的情况.A2;8.13岁

CHI：安安有酸奶吗?

*MOT：有.

CHI：安安有别的?

*MOT：也有.

*MOT：他妈妈给他买的.

（4-69）标签类

@Situation：芊芊询问奶盒上的信息.A2;8.13岁

*CHI：这个纯奶.

*MOT：对，纯奶.

CHI：xxx叫这是什么名字?

*MOT：这个呀?

*MOT：妈妈跟你说这上面写的是饮管孔.

*MOT：就是说这个地方是插吸管儿的地方.

*MOT：饮#管#孔.

%act：指着盒子上的字说

*MOT：知道了吧?

CHI：这叫什么名字?

*MOT：饮#管#孔.

CHI：这个哩?

*MOT：这个上面写的是，这上写的是二〇〇七[①]十一月六号生产.

CHI：这个哩?

*MOT：二〇〇八十一月六号之前饮用.

*CHI：xxx xxx?

*MOT：就是说你到6月份之前一定要把这个奶给喝完，要不然就坏了.

---

① 为了忠实于原语料，保留了语料中的不规范或不当之处，全书余同。

（4-70）地点类

@Situation：芊芊吃饭. V2;8.27岁

*CHI：勺子哩?

%act：问妈妈要勺子

*MOT：0.

%act：把勺子递给芊芊

（4-71）状态类

@Situation：芊芊跟布娃娃玩过家家，假装布娃娃尿了. V2;8.17岁

*FAT：它是假的，怎么会尿湿呢?

*CHI：它+…

*CHI：你看+…

*CHI：你摸摸. 湿不湿?

%act：拿起毛巾，走到爸爸旁边给爸爸摸

*FAT：不湿啊.

*CHI：湿.

*CHI：我摸着有[/]有点湿.

（4-72）功能类

@Situation：芊芊翻看妈妈的首饰盒. V2;9.19岁

*CHI：这是干什么的?

%act：拿着妈妈的簪子问

*MOT：这个是妈妈盘头发的时候用的.

*MOT：你看，它是往头发上扎的.

*MOT：我给你示范[/]示范.

（4-73）不确定类

@Situation：芊芊和妈妈一起玩游戏. A2;8.13岁

*CHI：你[/]你做xxx，做好一点，给你一个票.

*CHI：*那好嘛，那这不行吗？*

*MOT：你再打我，我就不给你玩儿了，我就跑了.

*CHI：妈妈，你xxx xxx，拴住，不让你跑.

图 4-63 显示，芊芊在阶段 7（2;10—3;0 岁）共产出了十二种不同内容的问句：行为类［23%，如例（4-74）］、地点类［23%，如例（4-75）］、状态类［15%，如例（4-76）］、外表类［11%，如例（4-77）］、心理理论类［9%，如例（4-78）］、身份类［8%，如例（4-79）］、归属类［5%，如例（4-80）］、归纳类［2%，如例（4-81）］、属性类［1%，如例（4-82）］、部分类［1%，如例（4-83）］、功能类［1%，如例（4-84）］和标签类［1%，如例（4-85）］。

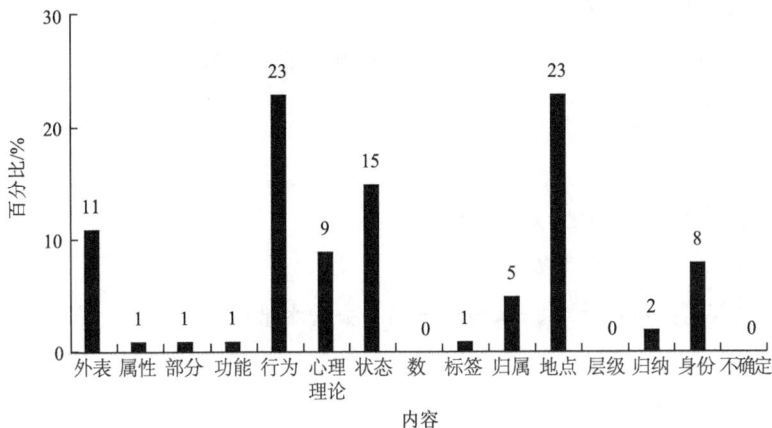

图 4-63　阶段 7 芊芊不同内容问句分布

（4-74）行为类

@Situation：芊芊和妈妈聊天. V3;0.14岁

*CHI：<狗熊吃肉还>[/]狗熊吃还吃饼还吃，狗熊吃肉还吃饼干吗？

*MOT：当然了.

*CHI：为什么？

*MOT：喜欢呐.

（4-75）地点类

@Situation：芊芊和妈妈一起出去买水果. A2;11.27岁

*MOT：来，妈妈扯着你的手吧.

*CHI：我在大操场，在这里走走.

*CHI：爸爸哩?

*MOT：爸爸在宿舍呀.

*CHI：火车哩?

*MOT：嗯?

*MOT：火车呀?

*MOT：火车在车站，没有在这里呀.

*CHI：小朋友哩?

*MOT：小朋友啊?

*MOT：小朋友现在##嗯，很多都回家了，在家里边呢.

*CHI：现在哩?

*MOT：0.

*CHI：现在我哩?

*MOT：现在你呀?

*MOT：你在外边，跟妈妈一起要去买水果呀.

（4-76）状态类

@Situation：妈妈带芊芊出门，发现楼下停放的自行车轮胎没有气
了. A2;11.27岁

*CHI：车#怎么没有#气呀?

%act：下楼

*MOT：怎么没有什么?

%act：下楼

*CHI：气.

*MOT：车怎么没有气了?

*MOT：因为骑的时间太长了，它就没有气了.

*MOT：骑的时间太长，姥爷走了，就没有人给咱们的车打气了.

（4-77）外表类

@Situation：芊芊和妈妈聊天. A2;11.27岁

*CHI：我小时候戴不戴帽子?

*MOT：你小的时候冬天的时候戴帽子.

*MOT：冬天的时候戴.

*CHI：+<冬天.

*MOT：冬天的时候戴上棉帽子.

*MOT：夏天的时候戴个太阳帽.

*MOT：遮太阳.

*MOT：戴那个棉帽子的话，就暖和.

（4-78）心理理论类

@Situation：芊芊和妈妈一起聊天. A2;11.27岁

*CHI：胡××的车哩?

*MOT：胡××的车?

*MOT：胡××没有车.

*MOT：他没有车.

*CHI：为什么呀?

*MOT：因为他不需要啊.

*CHI：为什么不#需#要啊?

*MOT：啊?

*CHI：为什么不#需要呀?

*MOT：因为#他住的地方儿#因为##他不需要去很远的地方，所以
　　　就不需要有车呀.

*CHI：我有自行车.

*MOT：对，芊芊有+/.

（4-79）身份类

@Situation：芊芊和婆婆聊天. A3;0.27岁

*CHI：<我的劲儿>[/]<我的劲儿>[/]我的劲儿被谁拿走了？

*GRM：你哩什么被谁拿走了？

*CHI：我的劲儿被谁用了？

*GRM：你哩字？

*CHI：劲儿，<我的>[/]<我的>[/]我的那个劲儿哩？

*GRM：劲儿？

*CHI：嗯.

*GRM：劲儿是什么啊？

*MOT：她哩那个+/.

*CHI：力气.

*CHI：我的那个劲哩？

*GRM：记忆哩？

*CHI：婆婆，<我的>[/]我的力气哩？

*GRM：你的力气？

*CHI：啊.

*GRM：力气是什么啊？

*MOT：劲儿.

*GRM：你哩劲儿在哪儿啊？

*CHI：劲儿在这里边.

*GRM：在这，对，劲儿在这儿.

*GRM：我说哩，这是啥东西哩？

*GRM：哎，你的劲儿[=! 笑].

*GRM：想有劲儿啊，得吃饭.

*CHI：吃完饭+/.

*GRM：锻炼，运动，就会有劲儿了.

（4-80）归属类

@Situation：芊芊和妈妈一起吃饭.A3;0.27岁

CHI: 是不是你+...

CHI: <是不是>[/]是不是人家的勺?

*MOT：是咱们家自己的勺儿.

（4-81）归纳类

@Situation：电视显示大海的画面.V3;0.14岁

CHI: 里边有没有鳄鱼?

%act：指着电视

*MOT：哦，那是大海，大海里边没有鳄鱼.

CHI: 小海哩?

*MOT：小海也没有啊.

*MOT：鳄鱼生活在湖里边.

CHI: 湖?

*MOT：对.

*MOT：鳄鱼不在海里边.

（4-82）属性类

@Situation：芊芊在家里唱歌.V2;11.5岁

*CHI：飞飞飞xxx xxx.

%act：转身走向婆婆

*CHI：婆婆，比那个叔叔唱得很[/]很[/]很好听.

*GRM：真是唱得好听.

*CHI：真.

*GRM：你唱的是要钱的不是要命的.

CHI: 他哩?

*GRM：他唱的是要命.

（4-83）部分类

@Situation：芊芊和妈妈一起聊天. A2;11.27岁

*CHI：爸爸有#手.

*MOT：有什么?

*CHI：有手.

*MOT：有手啊.

*CHI：爸爸为什么有手呀?

*MOT：你说呢?

*CHI：因为他要拿东西吃.

*MOT：哦，因为他要拿东西吃?

*CHI：拿东西#给我吃.

（4-84）功能类

@Situation：芊芊和妈妈一起放蚊帐，准备睡觉. V2;10.1岁

*CHI：蚊帐还有夹子，为什么有夹子啊?

%act：指着头上的蚊帐

*MOT：用夹子#那<蚊子>[/]蚊子就跑不进来了.

*MOT：我们把那个蚊帐的缝儿都给它夹得好紧好紧.

*MOT：那蚊子乖乖都进不来了.

（4-85）标签类

@Situation：芊芊生病了，要吃药. V3;0.14岁

*CHI：0.

%act：扭头去婆婆那儿吃药

*CHI：妈妈你看这个什么药?

%act：喝药

*MOT：我也不知道.

图 4-64 显示，芊芊在阶段 8（3;1—3;3 岁）共产出了十一种不同内容的问句：

行为类［27%，如例（4-86）］、地点类［19%，如例（4-87）］、外表类［13%，如例（4-88）］、心理理论类［12%，如例（4-89）］、身份类［9%，如例（4-90）］、部分类［5%，如例（4-91）］、标签类［5%，如例（4-92）］、归属类［4%，如例（4-93）］、状态类［3%，如例（4-94）］、不确定类［3%，如例（4-95）］和数类［1%，如例（4-96）］。

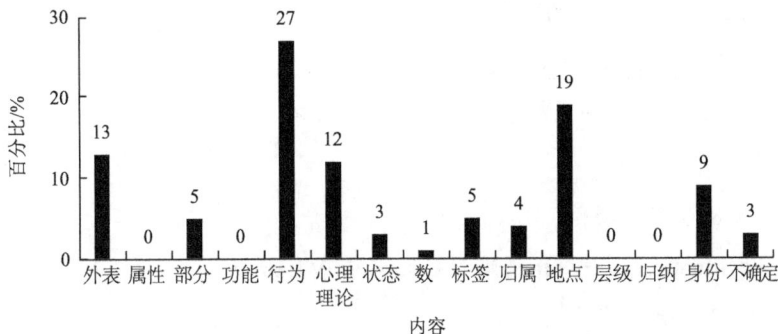

图 4-64　阶段 8 芊芊不同内容问句分布

（4-86）行为类

@Situation：芊芊和妈妈聊天. V3;1.6岁

*CHI：老鼠会不会把xxx抬走了?

*MOT：不会的，老鼠不要这个东西，老鼠只抬吃的.

*CHI：老鼠抬[/]抬不抬我呀?

*MOT：抬不抬谁呀?

*CHI：抬不抬我呀?

%act：指着自己

*MOT：抬不抬芊芊?

*CHI：嗯.

*MOT：不抬.

*MOT：你太大了，抬不动.

*CHI：能不能抬我糖啊?

*MOT：能.

（4-87）地点类

@Situation：芊芊和妈妈一起贴贴画. V3;1.6岁

CHI：它的眼哩?

%act：看着骆驼

*MOT：在这.

%act：指着骆驼的眼

CHI：它还有一只眼呢?

*MOT：还有一只眼在这儿，但是还没有贴上.

（4-88）外表类

@Situation：芊芊和妈妈一起玩积木. V3;1.6岁

*CHI：差一点点.

%act：把手里的两个积木使劲拼在一起

CHI：这样?

@Comment：积木勉强安在一起.

*MOT：还行吗?

*CHI：不行，插[/]插歪了.

%act：把手里的两个积木拼在一起

*MOT：那怎么把它插正呢?

CHI：这样?

CHI：这样正不正啊?

@Comment：把两块积木较好地拼在一起.

（4-89）心理理论类

@Situation：芊芊和妈妈一起贴贴纸. V3;1.6岁

*MOT：你需要什么了，我就给你拿，好不好啊?

%act：扣眼睛贴画

CHI：你需要什么哩?

*MOT：那你就给我拿.

（4-90）身份类

@Situation：婆婆、妈妈和芊芊一起看电影《寻枪》. V3;2.11岁

*MOT：姜文是个警察，枪丢了，满天下地找他的枪.

@Comment：姜文是电影《寻枪》的主演.

%add：GRM

*CHI：谁枪丢了呀?

*MOT：这可[/]可笑.

%add：GRM

*CHI：谁[/]谁枪丢了呀?

*GRM：那个警察.

*CHI：哪警察呀?

*GRM：有一个警察叔叔不小心，把自己的枪弄丢了，你说算什么事儿?

*CHI：哪个警察叔叔?

*GRM：有一个，反正有一个警察叔叔.

（4-91）部分类

@Situation：芊芊和妈妈一起玩积木. V3;1.6岁

*CHI：汽车是不是一二三四?

%act：数着积木上的四个轮子

*MOT：对呀.

*CHI：那<那个>[/]那个噼啪的车哩?

*MOT：噼啪车也是四个轮子啊.

（4-92）标签类

@Situation：芊芊和妈妈一起玩积木. V3;1.6岁

*CHI：翻过来看.

*CHI：这个是什么?

%act：指着图纸上某图案

（4-93）归属类

@Situation：芊芊准备睡觉. V3;1.6岁

*MOT：你想尿尿赶紧去.

*CHI：*你这儿有没有尿盆儿啊?*

（4-94）状态类

@Situation：芊芊跟琪琪一起玩儿，婆婆叫她回家. V3;2.9岁

*GRM：我们也该回家了，走.

*CHI：*还天白呢?*

%act：芊芊指着天空

（4-95）不确定类

@Situation：芊芊画画. V3;2.11岁

*CHI：换成别的颜色，我给你画成这色.

%act：拿了一支蓝色的画笔

*CHI：*这是xx不xx xx呀?*

*CHI：不xx那是不行的.

*CHI：画一个#这个，染染色吧.

%act：给刚才画的花儿染色

*CHI：染染颜色，这样，这样.

*CHI：染色.

（4-96）数类

@Situation：芊芊跟妈妈一起在外面摘小果实. V3;2.9岁

*CHI：*多不多?*

综上，芊芊产出数量较多的问句类别是行为（28%）、地点（18%）、心理理论（13%）、身份（11%）、外表（8%）、归属（7%）、状态（6%）和标签（6%），产出较少的类别是部分（1%）、数（1%）、归纳（1%）、功能（0%）、

属性（0%）和层级（0%）。从阶段 1 到阶段 3，不同内容问句类型总体比较少；从阶段 4 开始，问句内容呈现多元化趋势。

4.5　小　结

芊芊从阶段 1 开始产出问句，随着年龄的增长，问句使用频率呈现出逐步增多的趋势，芊芊话语中问句总量占语句总量的 8%。在芊芊话语中，有些问句在发展阶段呈现出格式化的倾向，在成熟阶段格式化倾向逐渐消退，句型变得丰富多彩；有些问句却不存在格式化倾向。芊芊产出的寻求信息类问句占问句总数的 70%，非寻求信息类问句占问句总数的 30%；随着年龄的增长，寻求信息类问句呈现逐步增多的趋势，而非寻求信息类问句则呈现逐步减少的趋势。芊芊产出的不同内容的问句数量从多到少依次是：行为>地点>心理理论>身份>外表>归属>标签>状态>部分>不确定>数/归纳>功能>属性>层级。

第 5 章　看护者问句特征

5.1　看护者问句数量

表 5-1 显示了看护者在儿童各年龄段产出的问句数量和语句数量。比如，看护者在阶段 1 共产出了 4255 句话，其中 1177 句是问句；阶段 8 共产出了 1253 句话，其中 272 句是问句。总体而言，看护者从阶段 1 到阶段 8 共产出了 22 613 句话，其中 5854 句是问句。

表 5-1　看护者在儿童各年龄段产出的问句数量和语句数量　（单位：句）

类型	阶段 1 1;4—1;6	阶段 2 1;7—1;9	阶段 3 1;10—2;0	阶段 4 2;1—2;3	阶段 5 2;4—2;6	阶段 6 2;7—2;9	阶段 7 2;10—3;0	阶段 8 3;1—3;3	总数
问句数量	1 177	879	1 001	585	763	480	697	272	5 854
语句数量	4 255	3 308	3 317	2 937	3 611	1 451	2 481	1 253	22 613

图 5-1 显示，从阶段 1 到阶段 8，看护者产出问句所占百分比在 20%到 33% 区间浮动，总体呈现比较平稳的趋势。

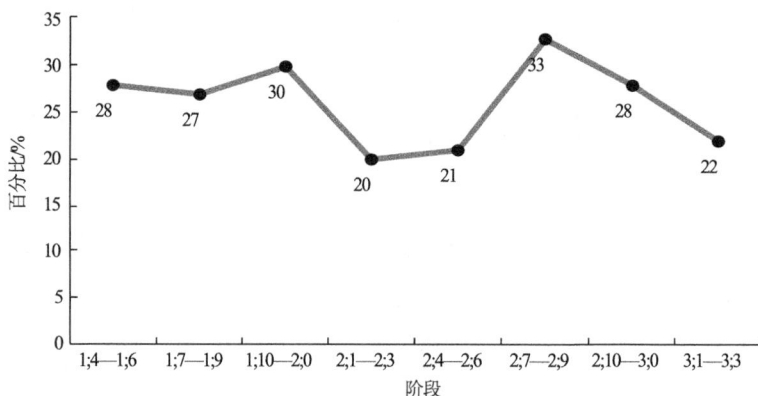

图 5-1　看护者在儿童各年龄段产出问句的百分比

5.2　看护者问句句法结构

　　看护者话语中产出了包含疑问语气词"啊"、"吧"、"吗"和"呢"的问句，也产出了包含疑问代词"什么"、"怎么"、"谁"、"哪儿"、"几"、"为什么"、"怎么样"、"哪里"、"多少"和"怎样"的问句。

5.2.1　疑问语气词

1. 啊

　　疑问语气词"啊"一般位于句尾，使疑问语气舒缓些（共 936 句，见图 5-2），从阶段 1 开始"啊"问句的句法结构就丰富多彩，如例（5-1）—（5-5）。"啊"常跟"不"（共 169 次，见图 5-3）、"是"（共 132 次，见图 5-4）、"你"（共 112 次，见图 5-5）、"谁"（共 77 次，见图 5-6）、"怎么"（共 70 次，见图 5-7）等搭配。此外，词丛"是不是"（共 23 次，见图 5-8）、"好不好"（共 14 次，见图 5-9）、"这是几"（共 14 次，见图 5-10）、"行不行"（共 12 次，见图 5-11）等跟"啊"共现频次较高。

图 5-2　看护者话语中"啊"问句索引行

图 5-3　看护者话语中"啊"跟"不"搭配的问句索引行

图 5-4　看护者话语中"啊"跟"是"搭配的问句索引行

（5-1）@Situation：妈妈带芊芊出去玩儿．A1;4.4岁

　　*MOT：你看，是不是汽车啊?①

　　%act：指着一辆驶过的汽车

———————————

　　① 由于第五章主要探讨看护者问句特征，因此，本章仅使用下划线凸显看护者问句，而没有使用下划线斜体凸显儿童问句，也没有使用下划线加粗凸显看护者答句。

（5-2）@Situation：爸爸教芊芊认识图片. V1;4.25岁

　　*FAT：哪个是猴子啊?

（5-3）@Situation：妈妈跟芊芊玩儿. V1;4.25岁

　　*MOT：妈妈怎么哭啊?

（5-4）@Situation：妈妈跟芊芊玩儿. V1;5.15岁

　　*MOT：你踩气球，气球会怎么样啊?

（5-5）@Situation：妈妈跟芊芊玩儿. V1;6.23岁

　　*FAT：芊芊，手机是谁的啊?

图 5-5　看护者话语中"啊"跟"你"搭配的问句索引行

图 5-6　看护者话语中"啊"跟"谁"搭配的问句索引行

图 5-7　看护者话语中"啊"跟"怎么"搭配的问句索引行

图 5-8　看护者话语中"啊"跟"是不是"搭配的问句索引行

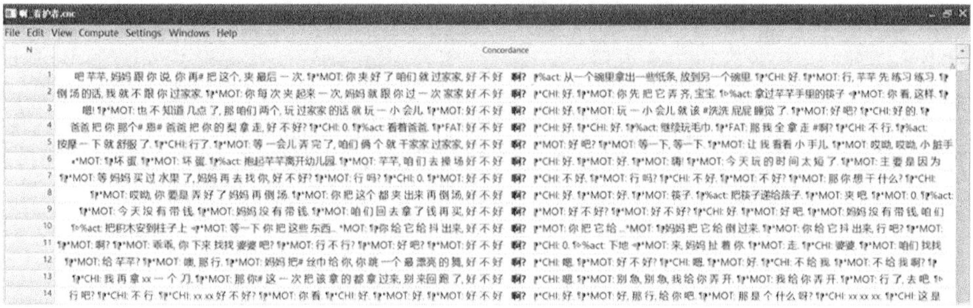

图 5-9　看护者话语中"啊"跟"好不好"搭配的问句索引行

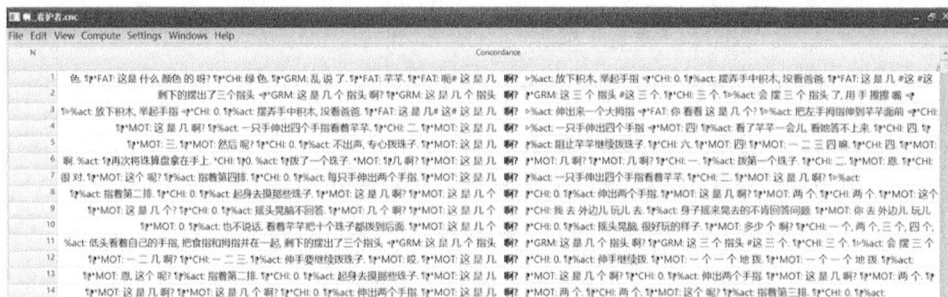

图 5-10　看护者话语中"啊"跟"这是几"搭配的问句索引行

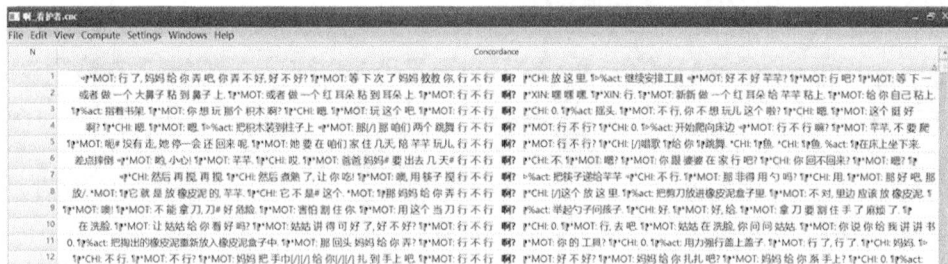

图 5-11　看护者话语中"啊"跟"行不行"搭配的问句索引行

2. 吧

疑问语气词"吧"一般位于句尾，使原来的提问带有揣测、估计的意味（共734 句，见图 5-12），从阶段 1 开始"吧"问句的句法结构就丰富多彩，如例（5-6）—（5-10）。"吧"常跟"了"（共 129 次，见图 5-13）、"你"（共128 次，见图 5-14）、"好"（共 125 次，见图 5-15）、"给"（共 105 次，见图 5-16）、"是"（共 95 次，见图 5-17）等搭配。此外，词丛"妈妈给你"（共10 次，见图 5-18）、"爸爸给你"（共 7 次，见图 5-19）、"给你做"（共 5 次，见图 5-20）跟"吧"共现频次较高。

（5-6）@Situation：妈妈带芊芊出去玩儿. A1;4.4岁

　　　　*MOT：下来吧?

　　　　*MOT：自己走吧?

（5-7）@Situation：妈妈带芊芊去超市. A1;4.4岁

　　　　*MOT：好了，找到自己想要的东西再买.

*MOT：清楚了吧?

（5-8）@Situation：芊芊摔倒了，站不起来. V1;4.9岁

*FAT：爸爸帮你吧?

（5-9）@Situation：芊芊玩照相机. V1;5.15岁

*FAT：你说，妈妈我给你照张相吧?

（5-10）@Situation：看《动物世界》. V1;5.28岁

*FAT：哟，这种动物爸爸也不知道叫什么名字?

*MOT：是一种猪吧?

图 5-12　看护者话语中"吧"问句索引行

图 5-13　看护者话语中"吧"跟"了"搭配的问句索引行

图 5-14 看护者话语中"吧"跟"你"搭配的问句索引行

图 5-15 看护者话语中"吧"跟"好"搭配的问句索引行

图 5-16　看护者话语中"吧"跟"给"搭配的问句索引行

图 5-17　看护者话语中"吧"跟"是"搭配的问句索引行

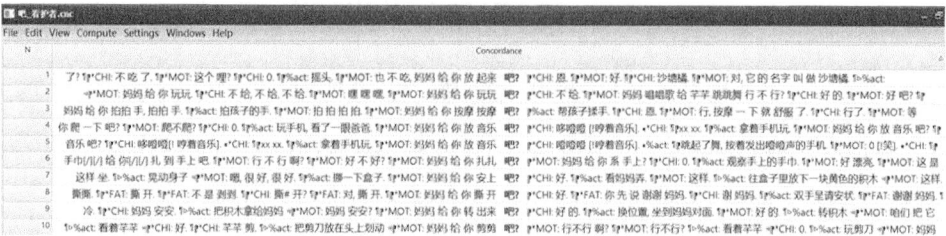

图 5-18　看护者话语中"吧"跟"妈妈给你"搭配的问句索引行

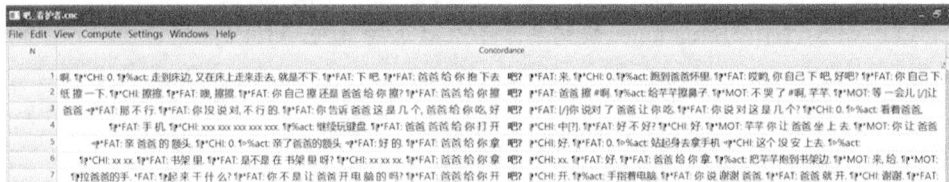

图 5-19　看护者话语中"吧"跟"爸爸给你"搭配的问句索引行

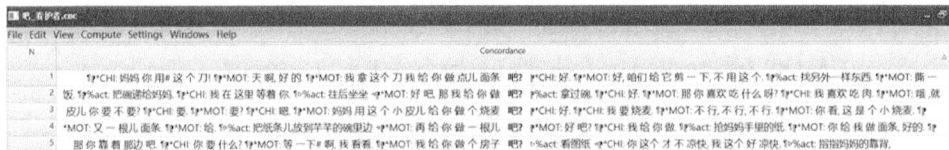

图 5-20　看护者话语中"吧"跟"给你做"搭配的问句索引行

3. 吗

疑问语气词"吗"一般位于句尾，表示疑问（共 246 句，见图 5-21），从阶段 1 开始"吗"问句的句法结构就丰富多彩，如例（5-11）—（5-15）。"吗"常跟"是"（共 89 次，见图 5-22）、"你"（共 48 次，见图 5-23）、"不"（共 41 次，见图 5-24）、"了"（共 37 次，见图 5-25）、"的"（共 34 次，见图 5-26）等搭配。

图 5-21　看护者话语中"吗"问句索引行

（5-11）@Situation：妈妈带芊芊在游乐场玩儿. A1;4.4岁

*CHI：0.

%act：在滑梯上走

<u>*MOT：你要从这个地方进去吗?</u>

（5-12）@Situation：芊芊正在跳舞，停下来挠痒. V1;4.25岁

<u>*FAT：痒吗?</u>

（5-13）@Situation：芊芊跟爸爸玩儿. A1;5.28岁

*FAT：芊芊，这是谁的鞋?

*CHI：妈妈.

<u>*FAT：妈妈的鞋吗?</u>

（5-14）@Situation：芊芊跟爸爸玩儿. A1;6.16岁

<u>*FAT：这个你不是给爸爸了吗?</u>

（5-15）@Situation：芊芊跟妈妈玩儿. A1;6.23岁

<u>*MOT：把这个放起来，妈妈给你拿，好吗?</u>

图 5-22 看护者话语中"吗"跟"是"搭配的问句索引行

图 5-23 看护者话语中"吗"跟"你"搭配的问句索引行

图 5-24 看护者话语中"吗"跟"不"搭配的问句索引行

图 5-25　看护者话语中"吗"跟"了"搭配的问句索引行

图 5-26　看护者话语中"吗"跟"的"搭配的问句索引行

4. 呢

疑问语气词"呢"一般位于句尾，表示提醒和深究的语气（共 304 句，见图 5-27），从阶段 1 开始"呢"问句的句法结构就丰富多彩，如例（5-16）—（5-20）。"呢"常跟"你"（共 54 次，见图 5-28）、"什么"（共 47 次，见图 5-29）、"怎么"（共 42 次，见图 5-30）、"那"（共 39 次，见图 5-31）、"的"（共

33 次，见图 5-32）等搭配。词丛"那咋办"（共 6 次，见图 5-33）、"你干什么"（共 5 次，见图 5-34）等跟"呢"共现频次较高。

图 5-27　看护者话语中"呢"问句索引行

（5-16）@Situation：爸爸教芊芊认识图片．V1;4.9 岁

　　　*FAT：芊芊，大象呢？

（5-17）@Situation：芊芊被蚊子咬了，爷爷给她抹花露水．V1;5.15 岁

　　　*GRF：抹抹药怕啥呢？

　　　*CHI：0[! 哭].

　　　*GRM：抹抹药就不痒了．

（5-18）@Situation：爸爸教芊芊开电脑．V1;5.28 岁

　　　*FAT：芊芊，芊芊，开这一个．

　　　%act：把电脑显示屏打开

　　　*CHI：0.

　　　%act：玩弄凳子

　　　*FAT：然后呢？

（5-19）@Situation：爸爸教芊芊开电脑．V1;5.28 岁

　　　*FAT：芊芊，你跟爸爸说怎么把歌儿打开呢？

（5-20）@Situation：妈妈用布偶碰了一下芊芊的脸. V1;6.23岁

*CHI：咬.

%act：指了指自己的脸

*MOT：它怎么会咬你呢?

图 5-28　看护者话语中"呢"跟"你"搭配的问句索引行

图 5-29　看护者话语中"呢"跟"什么"搭配的问句索引行

图 5-30 看护者话语中"呢"跟"怎么"搭配的问句索引行

图 5-31 看护者话语中"呢"跟"那"搭配的问句索引行

图 5-32 看护者话语中"呢"跟"的"搭配的问句索引行

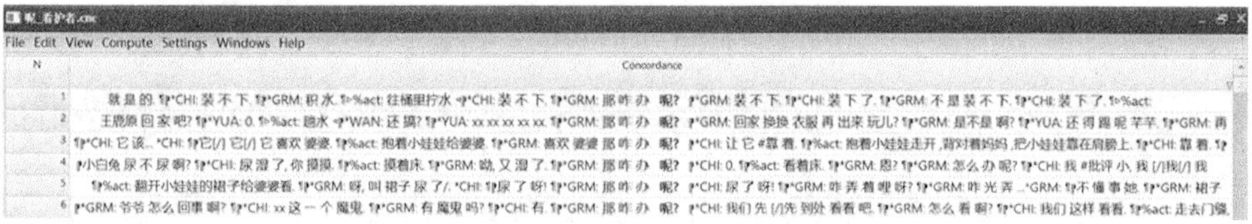

图 5-33 看护者话语中"呢"跟"那咋办"搭配的问句索引行

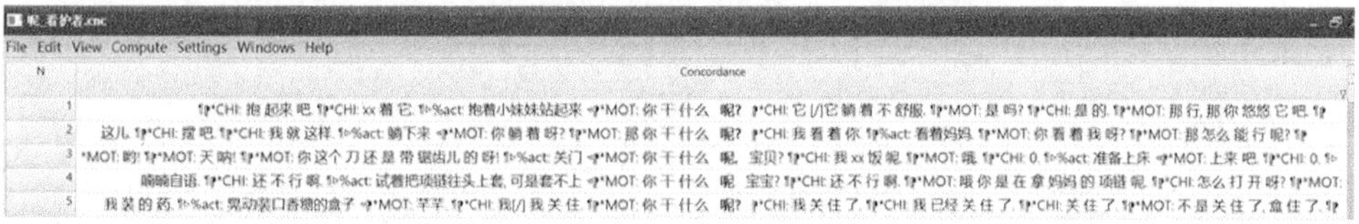

图 5-34 看护者话语中"呢"跟"你干什么"搭配的问句索引行

5.2.2 疑问代词

1. 什么

疑问代词"什么"用来询问事物（共 522 句，见图 5-35），从阶段 1 开始"什么"问句的句法结构就丰富多彩，如例（5-21）—（5-24）。"什么"常跟"呀"（共 185 次，见图 5-36）、"是"（共 161 次，见图 5-37）、"你"（共 145 次，见图 5-38）、"干"（共 109 次，见图 5-39）、"这"（共 62 次，见图 5-40）

等搭配。此外，词丛"这是什么"（共 30 次，见图 5-41）、"你干什么"（共 22 次，见图 5-42）、"的是什么"（共 19 次，见图 5-43）、"在干什么"（共 16 次，见图 5-44）、"是干什么"（共 11 次，见图 5-45）出现频次较高。

图 5-35 看护者话语中"什么"问句索引行

（5-21）@Situation：芊芊在玩奥运福娃. V1;6.2岁

  *FAT：来，让爸爸看看，这个叫什么？

  *CHI：0.

  %act：把手上的娃娃给爸爸

（5-22）@Situation：芊芊跟爸爸玩儿. V1;6.2岁

  *CHI：啊[! 尖叫].

  %act：推爸爸

  *FAT：你想干什么？

（5-23）@Situation：芊芊跟妈妈玩儿. V1;6.23岁

  *MOT：哟，你拿那个是什么东西呀？

  *CHI：0.

  %act：看着眼药水

*MOT：眼药.

（5-24）@Situation：芊芊跟妈妈玩儿. V1;6.23岁

*MOT：<u>妈妈给芊芊拿个什么东西玩玩儿?</u>

图 5-36　看护者话语中"什么"跟"呀"共现的问句索引行

图 5-37　看护者话语中"什么"跟"是"共现的问句索引行

图 5-38 看护者话语中"什么"跟"你"共现的问句索引行

图 5-39 看护者话语中"什么"跟"干"共现的问句索引行

图 5-40　看护者话语中"什么"跟"这"共现的问句索引行

图 5-41　看护者话语中词丛"这是什么"的问句索引行

图 5-42　看护者话语中词丛"你干什么"的问句索引行

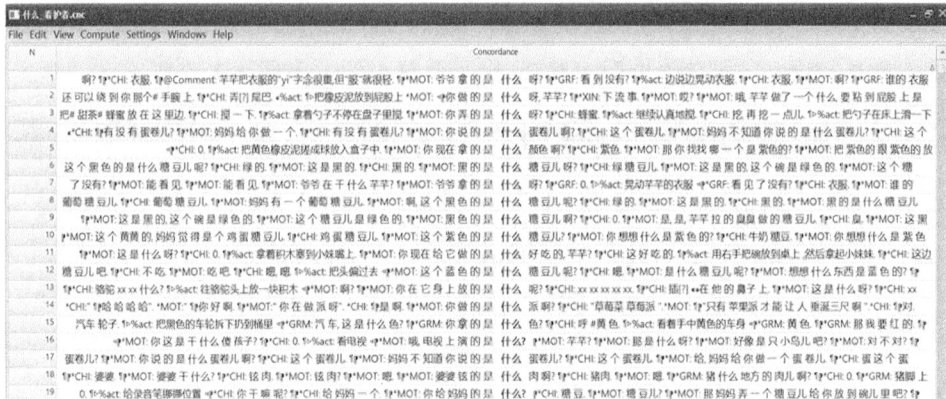

图 5-43　看护者话语中词丛"的是什么"的问句索引行

图 5-44　看护者话语中词丛"在干什么"的问句索引行

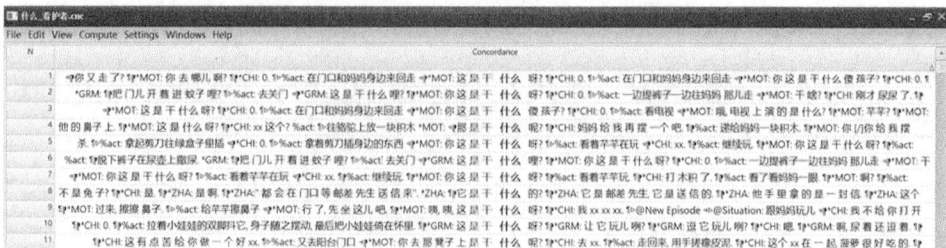

图 5-45　看护者话语中词丛"是干什么"的问句索引行

2. 怎么

疑问代词"怎么"用来询问原因（共 363 句，见图 5-46），从阶段 1 开始"怎么"问句的句法结构就丰富多彩，如例（5-25）—（5-29）。"怎么"经常跟"你"（共 76 次，见图 5-47）、"啊"（共 81 次，见图 5-48）、"呀"（共 80 次，见图 5-49）、"了"（共 78 次，见图 5-50）、"的"（共 54 次，见图 5-51）搭配。此外，词丛"那怎么办"（共 20 次，见图 5-52）出现频次较高。

图 5-46　看护者话语中"怎么"问句索引行

（5-25）@Situation：芊芊在滑梯上玩儿. A1;4.4岁

　　　*MOT：下来吧?

　　　*CHI：嗯[! 想哭].

　　*MOT：怎么了，宝贝？

　　*MOT：不想下来了？

（5-26）@Situation：芊芊假装哭. V1;4.10岁

　　*CHI：0.

　　%act：拍床

　　*MOT：怎么不哭了，宝贝？

（5-27）@Situation：芊芊和妈妈玩气球. V1;5.15岁

　　*CHI：0.

　　%act：拿起来气球，继续扔给妈妈，气球被扔到她的身后

　　*MOT：哎哟，你怎么往后扔啊？

（5-28）@Situation：芊芊和爸爸玩气球. V1;5.28岁

　　*CHI：扔.

　　%act：把爸爸手机扔到床上

　　*FAT：哟.

　　*FAT：你怎么把爸爸手机扔了？

（5-29）@Situation：爸爸教芊芊自己下床，芊芊不愿意. V1;6.2岁

　　*FAT：芊芊你原来都下过，怎么又害怕了？

图 5-47　看护者话语中"怎么"跟"你"搭配的问句索引行

图 5-48　看护者话语中"怎么"跟"啊"搭配的问句索引行

图 5-49　看护者话语中"怎么"跟"呀"搭配的问句索引行

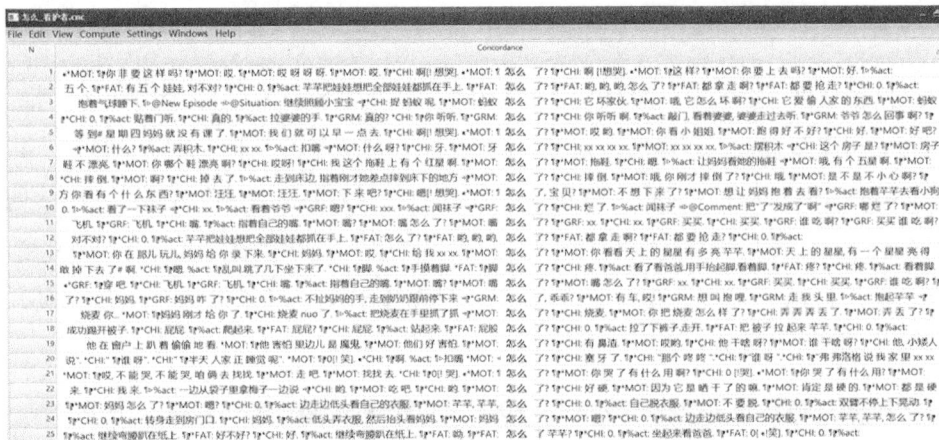

图 5-50　看护者话语中"怎么"跟"了"搭配的问句索引行

图 5-51　看护者话语中"怎么"跟"的"搭配的问句索引行

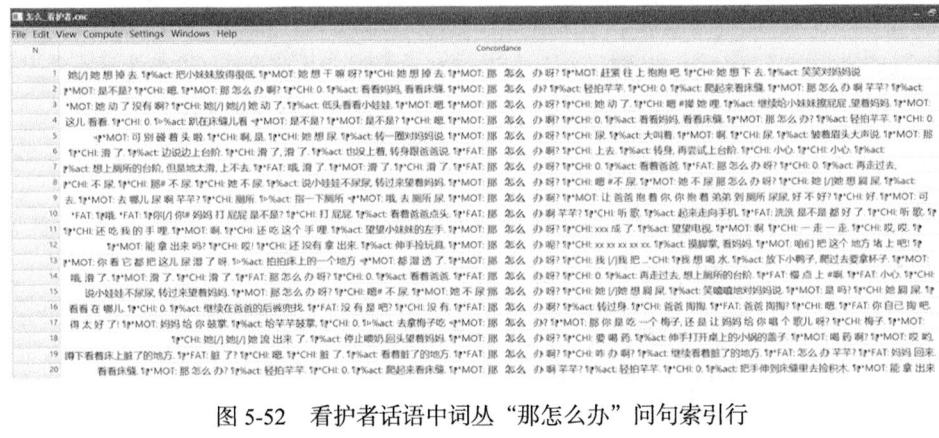

图 5-52　看护者话语中词丛"那怎么办"问句索引行

3. 谁

疑问代词"谁"用来询问人物（共 262 句，见图 5-53），从阶段 1 开始"谁"问句的句法结构就丰富多彩，如例（5-30）—（5-33）。"谁"常跟"啊"（共 82 次，见图 5-54）、"呀"（共 81 次，见图 5-55）、"的"（共 61 次，见图 5-56）、"是"（共 54 次，见图 5-57）、"你"（共 38 次，见图 5-58）等搭配。此外，词丛"这是谁"（共 18 次，见图 5-59）、"谁给你"（共 8 次，见图 5-60）出现频次较高。

图 5-53　看护者话语中"谁"问句索引行

（5-30）@Situation：芊芊玩照相机. V1;5.15岁

　　　　*CHI：咦?

　　　　%act：拿着相机看妈妈

　　　　*FAT：这是谁呀?

（5-31）@Situation：芊芊把妈妈准备吃的药拿走. V1;5.15岁

　　　　*GRF：你的药给谁吃啊?

（5-32）@Situation：芊芊在床上蹦蹦跳跳. V1;5.17岁

　　　　*MOT：谁掉下来啊?

*MOT：谁掉到床底下啊?

（5-33）@Situation：芊芊玩爸爸的手机. V1;6.23岁

*FAT：芊芊，手机是谁的啊?

图 5-54　看护者话语中"谁"跟"啊"搭配的问句索引行

图 5-55　看护者话语中"谁"跟"呀"搭配的问句索引行

图 5-56　看护者话语中"谁"跟"的"搭配的问句索引行

图 5-57　看护者话语中"谁"跟"是"搭配的问句索引行

图 5-58　看护者话语中"谁"跟"你"搭配的问句索引行

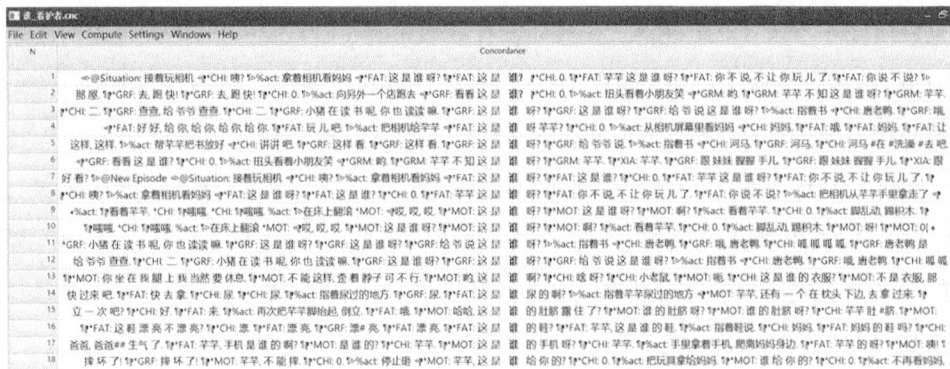

图 5-59　看护者话语中词丛<u>这是谁</u>问句索引行

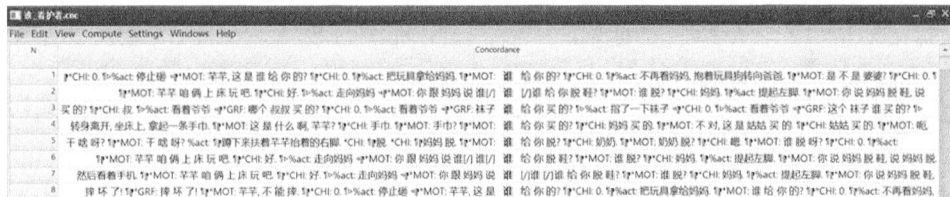

图 5-60　看护者话语中词丛"谁给你"问句索引行

4. 哪儿

疑问代词"哪儿"用来询问地点（共 106 句，见图 5-61），"哪儿"问句在

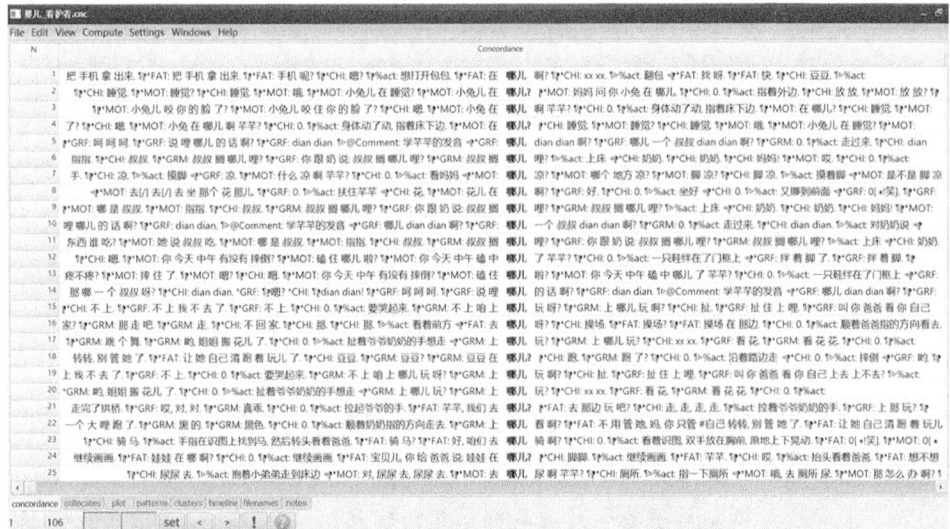

图 5-61　看护者话语中"哪儿"问句索引行

发展阶段（阶段1）出现格式化倾向，在成熟阶段（阶段2—8）格式化倾向逐渐消退。芊芊在阶段1产出了4句"哪儿"问句，都包含"在哪儿"构式，如例（5-34）。从阶段2开始，"哪儿"问句的句法结构逐渐丰富起来，如例（5-35）—（5-39）。"哪儿"常跟"啊"（共34次，见图5-62）、"去"（共33次，见图5-63）、"呀"（共29次，见图5-64）、"在"（共28次，见图5-65）、"了"（共20次，见图5-66）等搭配。此外，词丛"你去哪儿"（共8次，见图5-67）出现频次较高。

（5-34）@Situation：芊芊想在妈妈的包里面找手机. V1;6.16岁

   *FAT：手机呢?

   *CHI：0.

   %act：想打开包

   *FAT：在哪儿啊?

（5-35）@Situation：芊芊中午摔倒了. V1;7.9岁

   *MOT：磕住哪儿了?

（5-36）@Situation：天气变冷了. V1;7.9岁

   *CHI：凉.

   %act：摸脚

   *GRF：凉.

   *MOT：什么凉啊芊芊?

   *MOT：哪儿凉?

（5-37）@Situation：芊芊自己说话玩儿. V1;7.9岁

   *CHI：dian dian!

   *GRF：呵呵呵.

   *GRF：说哩哪儿的话啊?

（5-38）@Situation：芊芊跟妈妈一起搭积木. V1;10.9岁

   *CHI：0.

   %act：拿起一块绿色的小屋顶积木

   *MOT：你把这小屋顶给放哪儿啊?

（5-39）@Situation：芊芊要给玩具娃娃买东西吃. V2;5.18岁

　　*MOT：你去哪儿买呀?

　　*CHI：去#北京买.

图 5-62　看护者话语中"哪儿"跟"啊"搭配的问句索引行

图 5-63　看护者话语中"哪儿"跟"去"搭配的问句索引行

图 5-64　看护者话语中"哪儿"跟"呀"搭配的问句索引行

图 5-65　看护者话语中"哪儿"跟"在"搭配的问句索引行

图 5-66　看护者话语中"哪儿"跟"了"搭配的问句索引行

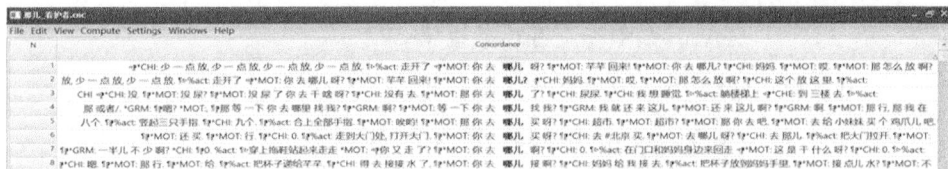

图 5-67 看护者话语中词丛 "你去哪儿" 问句索引行

5. 几

疑问代词 "几" 用来询问数量（共 101 句，见图 5-68），"几" 问句在发展阶段（阶段 1—2）出现格式化倾向，在成熟阶段（阶段 3—8）格式化倾向逐渐消退。看护者在阶段 1 共产出 3 句 "几" 问句，都包含 "几个" 构式，如例（5-40）。看护者在阶段 2 共产出 2 句 "几" 问句，都包含 "几岁" 构式，如例（5-41）。从阶段 3 开始，"几" 问句的格式化倾向逐渐消退，变得丰富多彩，如例（5-42）—（5-46）。"几" 常跟 "个"（共 49 次，见图 5-69）、"啊"（共 46 次，见图 5-70）、"是"（共 46 次，见图 5-71）、"这"（共 42 次，见图 5-72）、"呀"（共 14 次，见图 5-73）等搭配。此外，词丛 "这是几"（共 33 次，见图 5-74）出现频次较高。

图 5-68 看护者话语中 "几" 问句索引行

（5-40）@Situation：芊芊和妈妈一起玩北京奥运会纪念品福娃.

V1;6.2岁

　　　　　　　　*FAT：咱们查查有几个娃娃吧?

（5-41）@Situation：芊芊学习穿袜子. V1;7.9岁

　　　　　　　　*MOT：一般小孩儿会穿袜子得几岁?

　　　　　　　　%add：GRM

（5-42）@Situation：芊芊翻看妈妈的钱包. V1;11.22岁

　　　　　　　　*FAT：你查一下看有几百块?

（5-43）@Situation：芊芊学数数. V2;0.10岁

　　　　　　　　*CHI：三、四、五.

　　　　　　　　*GRF：该是+…

　　　　　　　　*GRF：该几了?

（5-44）@Situation：芊芊跟婆婆一起看电视. V2;2.9岁

　　　　　　　　*GRM：有几头牛啊?

　　　　　　　　%add：CHI

（5-45）@Situation：芊芊帮婆婆开空调. V2;4.4岁

　　　　　　　　*GRM：这弄哩几度啊?

　　　　　　　　*GRM：这么冷.

（5-46）@Situation：爸爸妈妈准备出差. V3;0.14岁

　　　　　　　　*MOT：爸爸妈妈#要出去几天#行不行啊?

图 5-69　看护者话语中"几"跟"个"搭配的问句索引行

图 5-70　看护者话语中"几"跟"啊"搭配的问句索引行

图 5-71　看护者话语中"几"跟"是"搭配的问句索引行

图 5-72　看护者话语中"几"跟"这"搭配的问句索引行

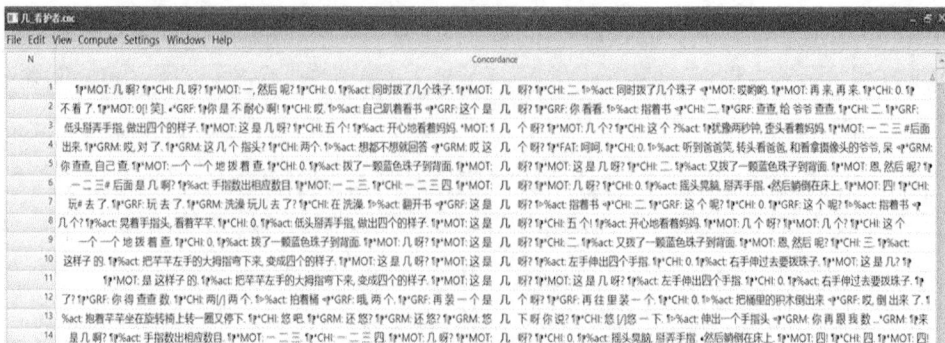

图 5-73　看护者话语中"几"跟"呀"搭配的问句索引行

图 5-74　看护者话语中词丛"这是几"问句索引行

6. 为什么

疑问代词"为什么"用来询问原因（共 70 句，见图 5-75），在看护者话语中"为什么"问句从阶段 2 开始出现，其句法结构没有出现格式化的倾向，句型从一开始就丰富多彩，如例（5-47）—（5-51）。"为什么"常跟"啊"（共 22 次，见图 5-76）、"你"（共 21 次，见图 5-77）、"不"（共 18 次，见图 5-78）、"呀"（共 15 次，见图 5-79）、"要"（共 13 次，见图 5-80）等搭配。

图 5-75　看护者话语中"为什么"问句索引行

（5-47）@Situation：芊芊想吃棒棒糖，妈妈不让. V1;9.10岁

　　　　*FAT：妈妈为什么不让你吃棒棒糖啊?

（5-48）@Situation：芊芊画画. V1;9.10岁

　　　　*CHI：噔[?].

　　　　%act：右手拿笔假装右脚上画一下

　　　　*FAT：你[/]你为什么要把它画脏呢?

（5-49）@Situation：妈妈买了蛋糕. V2;0.2岁

　　　　*CHI：妈妈不吃蛋糕.

　　　　*MOT：妈妈买的.

　　　　*MOT：妈妈为什么不能吃啊?

（5-50）@Situation：芊芊和爸爸一起拼积木. V2;5.9岁

　　　　*FAT：想一想：为什么装不上去?

（5-51）@Situation：芊芊和爸爸一起拼积木. V2;11.18岁

　　　　*MOT：那你不跟男生玩你跟谁玩啊?

　　　　*CHI：女生玩.

　　　　*MOT：那你为什么还跟安安玩儿啊?

*MOT：安安是个男生啊.

图 5-76　看护者话语中"为什么"跟"啊"搭配的问句索引行

图 5-77　看护者话语中"为什么"跟"你"搭配的问句索引行

图 5-78　看护者话语中"为什么"跟"不"搭配的问句索引行

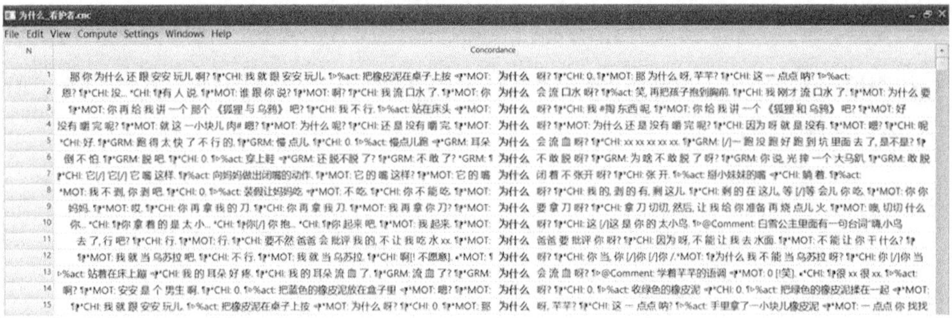

图 5-79　看护者话语中"为什么"跟"呀"搭配的问句索引行

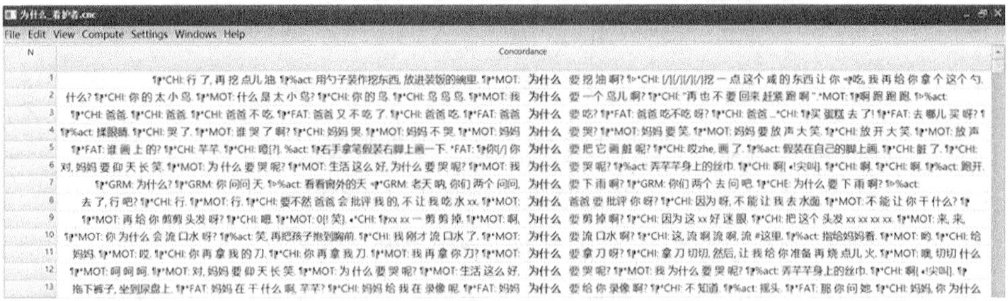

图 5-80　看护者话语中"为什么"跟"要"搭配的问句索引行

7. 怎么样

疑问代词"怎么样"用来询问方式（共 25 句，见图 5-81），在看护者话语中

图 5-81　看护者话语中"怎么样"问句索引行

"怎么样"问句从阶段 2 开始出现，其句法结构没有出现格式化的倾向，句型从一开始就丰富多彩，如例（5-52）—（5-56）。此外，"怎么样"常跟"啊"搭配（共 13 次，见图 5-82）。

（5-52）@Situation：芊芊画画，爸爸鼓励她画大象. V1;9.10岁

　　　　*FAT：怎么样把它画出来呢？

（5-53）@Situation：妈妈鼓励芊芊多吃菜. V2;0.2岁

　　　　*MOT：快点芊芊，吃萝卜长高怎么样啊？

　　　　*CHI：买滑冰鞋.

（5-54）@Situation：全家去野生动物园. V2;5.9岁

　　　　*FAT：那我们怎么样才能不被老虎咬呢？

（5-55）@Situation：芊芊给妈妈讲故事. V2;6.16岁

　　　　*MOT：你讲到他们去猪猪家了然后怎么样？

（5-56）@Situation：芊芊和妈妈过家家，芊芊当《白雪公主》里面

　　　　　　　　的糊涂蛋，妈妈当白雪公主. V2;9.19岁

　　　　*MOT：糊涂蛋怎么样去看呀？

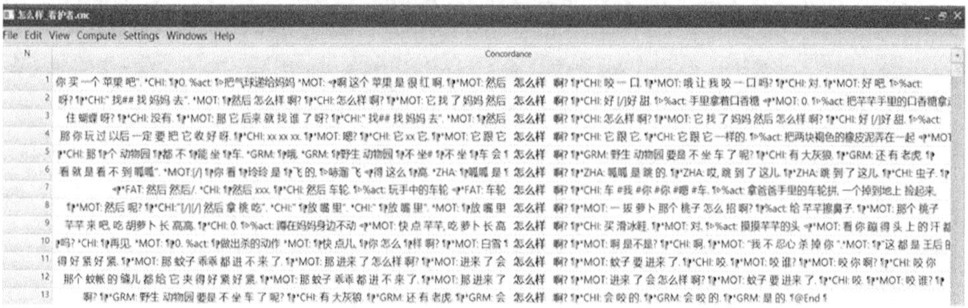

图 5-82　看护者话语中"怎么样"跟"啊"搭配的问句索引行

8. 哪里

疑问代词"哪里"用来询问地点（共 17 句，见图 5-83），在看护者话语中"哪里"问句从阶段 2 开始出现，其句法结构没有出现格式化的倾向，句型从一开始就丰富多彩，如例（5-57）—（5-59）。此外，"哪里"常跟"在"（共 8 次，见图 5-84）、

"啊"（共 6 次，见图 5-85）、"呀"（共 5 次，见图 5-86）等搭配。

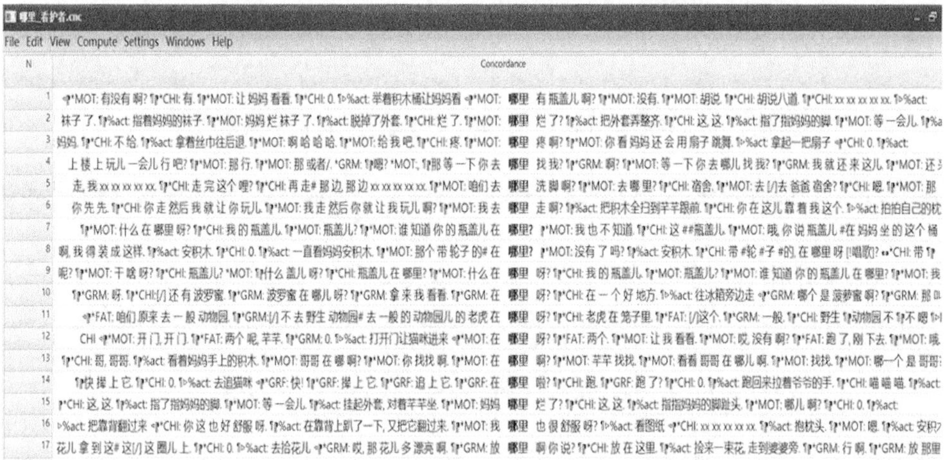

图 5-83 看护者话语中"哪里"问句索引行

（5-57）@Situation：芊芊追猫咪. V1;8.18岁

　　　　*GRF：追上它.

　　　　*GRF：在哪里啦?

（5-58）@Situation：芊芊看到妈妈的袜子烂了. V1;10.9岁

　　　　*CHI：烂了.

　　　　*MOT：哪里烂了?

（5-59）@Situation：芊芊找不到她的瓶盖了. V2;0.10岁

　　　　*MOT：谁知道你的瓶盖儿在哪里?

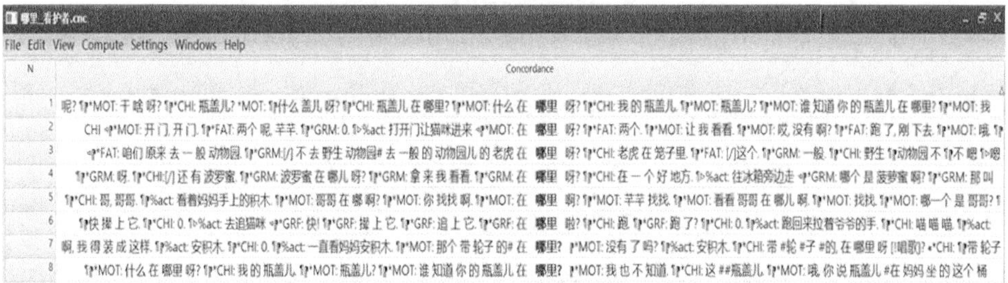

图 5-84 看护者话语中"哪里"跟"在"搭配的问句索引行

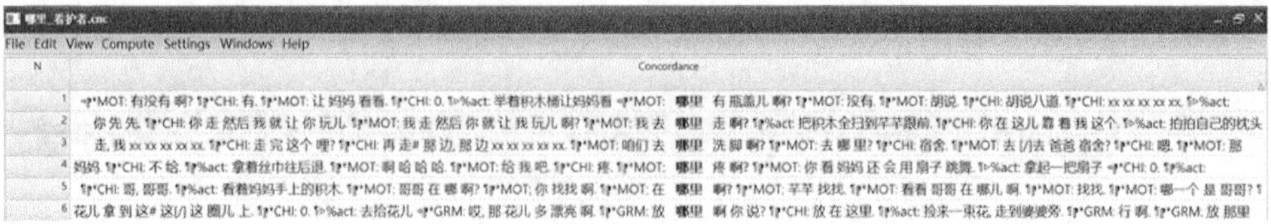

图 5-85 看护者话语中"哪里"跟"啊"搭配的问句索引行

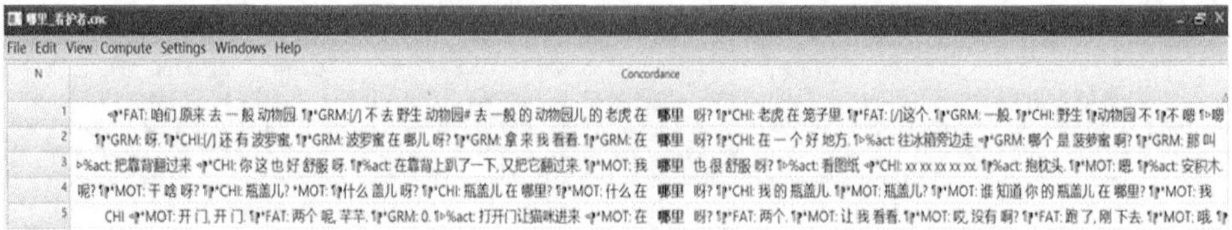

图 5-86 看护者话语中"哪里"跟"呀"搭配的问句索引行

9. 多少

疑问代词"多少"用来询问数量（共 10 句，见图 5-87），在看护者话语中"多少"问句从阶段 3 开始出现，其句法结构没有出现格式化的倾向，句型从一开始就丰富多彩，如例（5-60）—（5-63）。此外，"多少"常跟"钱"（共 5 次，见图 5-88）搭配。

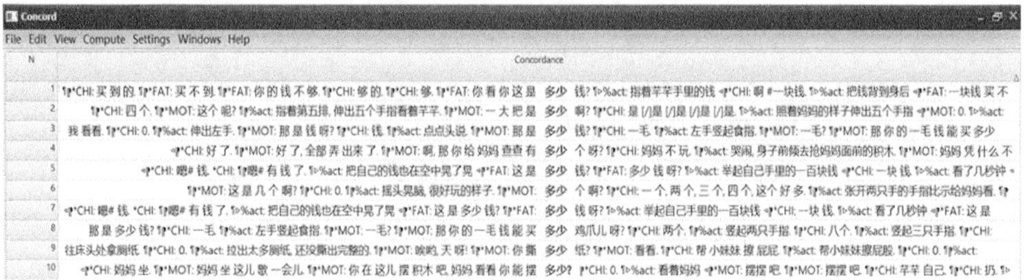

图 5-87 看护者话语中"多少"问句索引行

（5-60）@Situation：芊芊跟妈妈玩积木. V1;10.27岁

*MOT：啊，那你给妈妈查查有多少个呀？

（5-61）@Situation：芊芊翻妈妈的钱包. V2;0.2岁

*FAT：这是多少钱?

*FAT：多少钱呀?

　　　　%act：举起手里的一百块钱

（5-62）@Situation：芊芊跟妈妈聊天.V2;5.18岁

　　　　*MOT：那你的一毛钱能买多少鸡爪儿呀？

（5-63）@Situation：芊芊跟娃娃过家家，帮娃娃擦屁股.V2;5.18岁

　　　　*MOT：哎哟，天呀！

　　　　*MOT：你撕多少纸？

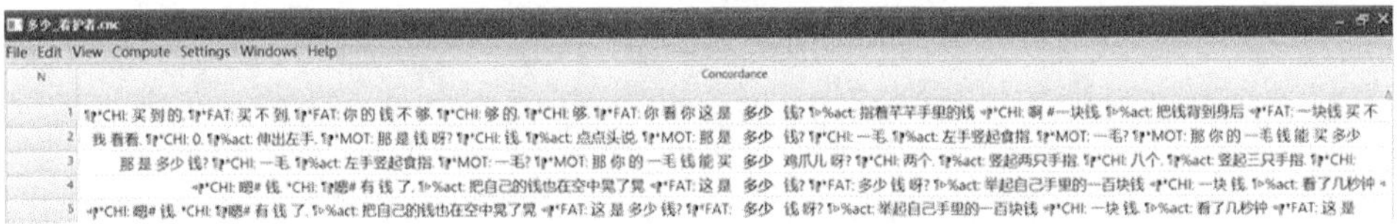

图 5-88　看护者话语中"多少"跟"钱"搭配的问句索引行

10. 怎样

疑问代词"怎样"用来询问方式（共 6 句，见图 5-89），"怎样"问句格式化倾向明显，总是跟"啊"搭配（共 6 次，见图 5-89）。

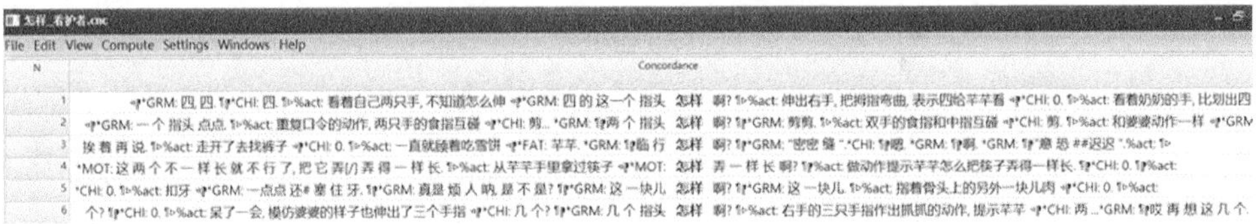

图 5-89　看护者话语中"怎样"问句索引行

　　综上，在看护者话语中，少数问句在发展阶段呈现出格式化的倾向，在成熟阶段格式化倾向逐渐消退，句型变得丰富多彩，如含有疑问代词"哪儿"和"几"的问句；然而，绝大多数问句却不存在格式化倾向，句型从一开始就丰富多样，如含有疑问语气词"啊"、"吧"、"吗"和"呢"的问句，以及含有疑问代词"什么"、"怎么"、"谁"、"为什么"、"怎么样"、"哪里"和"多少"的问句；此外，疑问代词"怎样"经常跟某些词搭配，会经常出现于某些词丛中。

5.3　小　　结

　　看护者问句使用频率在 20%到 33%区间浮动，总体呈现比较平稳的趋势。看护者话语中的问句绝大多数不存在格式化倾向，句型从一开始就丰富多彩。疑问词往往会跟某些词搭配，有时跟某些词丛共现的频率也会比较高。

第6章 看护者答句特征

6.1 看护者答句类型

对于儿童的提问，看护者会给予不同类型的答句：看护者给予答句，但是信息量不足（A–）；看护者给予答句，信息量刚好（A）；看护者给予答句，并提供额外的信息（A+）；看护者给予回应，但是提供的信息跟儿童询问的信息不同（RD）；看护者给予回应，但是没有提供任何信息（RN）；看护者没有回答儿童的问题（N）；看护者让儿童回答自己的问题（T）。

图 6-1 显示，针对儿童提出的问句，看护者提供的答句占比从高到低依次是：A［61%，如例（6-1）］、T［15%，如例（6-2）］、RD［9%，如例（6-3）］、RN［（5%，如例（6-4）］、N［（5%，如例（6-5）］、A+［4%，如例（6-6）］和 A–［0%，如例（6-7）］。

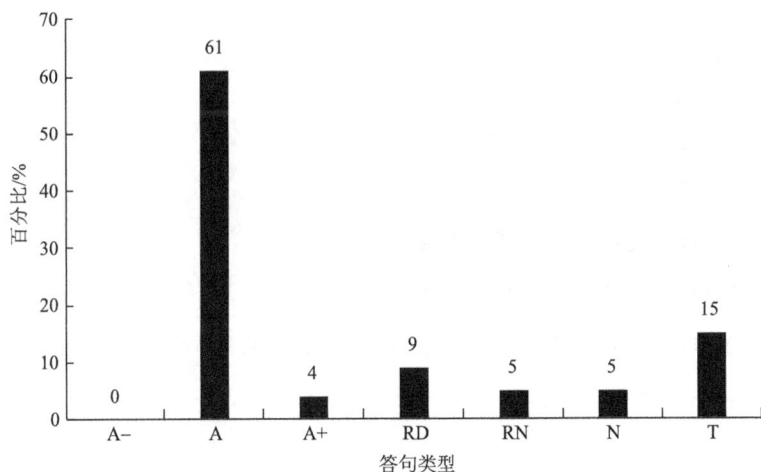

图 6-1 看护者不同类型答句分布

（6-1）A

@Situation：芊芊和妈妈一起看动画片《白雪公主》. V2;6.28岁

*CHI：*他干啥呀?*①

*MOT：这个#糊涂蛋晚上做梦了.

*MOT：不停地笑.

*MOT：然后这个人就xxx.

*CHI：他干啥+…

*CHI：他鼻子上?

*MOT：鼻子上是个苍蝇啊.

*MOT：小苍蝇也睡觉啦.

（6-2）T

@Situation：芊芊和妈妈一起看动画片《白雪公主》. V2;6.28岁

*CHI：谁爱生气呀?

*MOT：你看，他就是爱生气.

*CHI：哪一个?

*MOT：就这个，在说话这个.

*CHI：说话的.

*CHI：*她，她哩?*

*MOT：谁啊?

*CHI：妈妈，皇后呢?

*MOT：皇后啊.

*MOT：皇后正在家里边偷偷高兴呢.

*MOT：她高兴，为什么呢?

*MOT：因为她以为她把白雪公主给杀了呢，所以她正在家里边高
兴呢.

---

① 由于第六章主要探讨看护者答句特征以及儿童与看护者之间的问答互动特征，因此，本章使用下划
线斜体凸显儿童问句，下划线加粗凸显看护者答句，而没有使用下划线凸显看护者问句。

*MOT：其实上，白雪公主还活着.

*MOT：她在那家里面高兴呢.

（6-3）RD

@Situation：芊芊和妈妈一起玩北京奥运会纪念品福娃. A2;8.13岁

*MOT：去，把那个盖儿都拾过来，快.

*CHI：哎呀，哪#个盖儿呀?

*MOT：福娃那边儿.

*CHI：福娃那个?

*MOT：嗯，嗯.

*CHI：0.

%act：帮妈妈把盖子拾过去

*MOT：还有一个.

*CHI：哪里?

MOT：还有一个.

*CHI：0.

%act：帮妈妈拾福娃的盖子

*MOT：好，行了.

（6-4）RN

@Situation：芊芊跟爸爸妈妈一起玩过家家. V2;9.19岁

*CHI：谁当那个鸟啊?

*MOT：哪个鸟啊?

*CHI：谁当鸟?

*CHI：爸爸当+...

*CHI：谁当鸟鸟?

*MOT：哪个鸟儿?

*MOT：那等一下你问问谁愿意当那个鸟儿.

*CHI：谁当谁[/]谁[/]谁当鸟儿啊?

*MOT：我也不知道.

*CHI：你当鸟儿.

*MOT：我当鸟儿?

*CHI：嗯.

*CHI：行不行啊?

*MOT：那好吧.

*CHI：<我当>[/]我当美人鱼.

*MOT：好吧.

*CHI：爸爸呢?

*MOT：爸爸呀，我也不知道他想当什么，你去问问吧.

*CHI：爸爸<你想当>[/]你想当谁呀?

*FAT：我谁都不当.

*CHI：你当谁呀?

*FAT：我谁都不当.

*FAT：我当芊芊的爸爸.

*MOT：那你跟他说让他当美人鱼爸爸行不行.

*CHI：你当美人鱼爸爸行不行?

*FAT：我不当美人鱼爸爸，我当芊芊的爸爸.

*CHI：他当我的爸爸.

（6-5）N

@Situation：芊芊要把妈妈打扮成白雪公主. V2;9.19岁

*CHI：这样好漂亮的吧?

%act：把项链儿放妈妈手腕上

*MOT：0.

*CHI：拿着这个给你去上.

%act：想把项链儿的口打开

*CHI：这样，白雪就是戴这个吧?

*MOT：白雪不戴这个乖乖.

（6-6）A+

@Situation：妈妈带芊芊去操场玩儿. A2;11.27岁

*CHI：0.

%act：下楼梯的时候差点摔倒

*MOT：哦，哦，哦，你要小心呐，芊芊.

*MOT：走吧.

*CHI：谁的鞋子?

%act：看到石子路旁边别人脱的鞋子

MOT：谁的鞋子，姐姐的吧?

MOT：姐姐在这里#走石子路.

@Comment：如果要走石子路按摩脚底的话，就必须脱掉鞋子.

（6-7）A–

@Situation：妈妈打算给芊芊看一会儿《小美人鱼》. A2;8.13岁

*MOT：行了，妈妈给你开开那个#《小美人鱼》看一会儿吧?

*CHI：小美人鱼#它爸爸妈妈哩?

MOT：嗯，它妈妈不知道去哪儿了.

MOT：它爸爸是海底之王.

MOT：是海底的国王.

*CHI：妈妈呢?

*MOT：妈妈不知道去哪儿了.

Chouinard（2007）的研究显示，无论儿童处于哪个年龄段，看护者绝大多数情况下（约70%）会给儿童的问句提供信息。本书也表明，对于芊芊提出的问题，看护者也会在绝大多数情况下提供信息：A 类答句占比 61%，A+类占比 4%，共占比 65%。

下面我们将探讨看护者不同答句类型在儿童各年龄段的分布状况。

图 6-2 显示，在阶段 1，A+［如例（6-8）］是看护者提供的唯一答句类型。

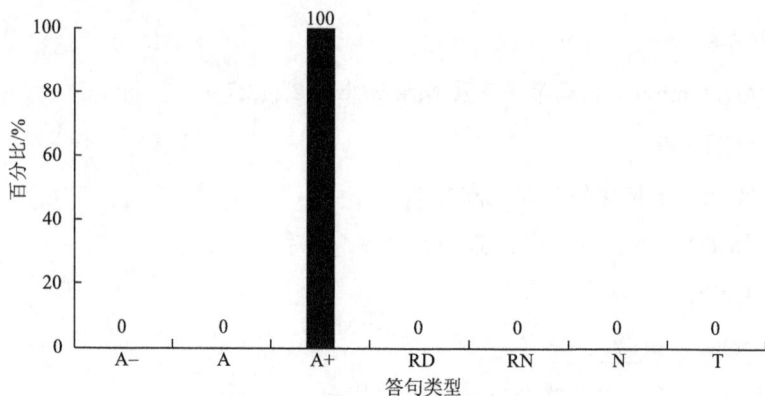

图 6-2　阶段 1 看护者答句类型分布

（6-8）A+

@Situaton：芊芊假装打电话．V1;6.2岁

*MOT：把包儿放枕头上去．

*CHI：0．

%act：看着妈妈，不放，又玩起来

*MOT：去吧．

*MOT：好不好?

*CHI：不[?]去．

%act：玩包包

*MOT：把包放枕头上，好不好?

*CHI：0．

%act：不去

*MOT：不好?

*MOT：去吧．

*CHI：喂．

*CHI：喂．

*CHI：谁[?]啊[?]?

%act：把包的背带当电话放在耳朵旁说话

MOT：你给爷爷打个电话让爷爷#给你吃饭．

*MOT：给爷爷打个电话.

*MOT：会不会?

*CHI：0.

%act：看着妈妈

*CHI：爷爷.

%act：把包的背带放在耳朵旁说，然后又继续玩包包，把带子挂到脖子上

图 6-3 显示，在阶段 2，A［如例（6-9）］是看护者提供的唯一答句类型。

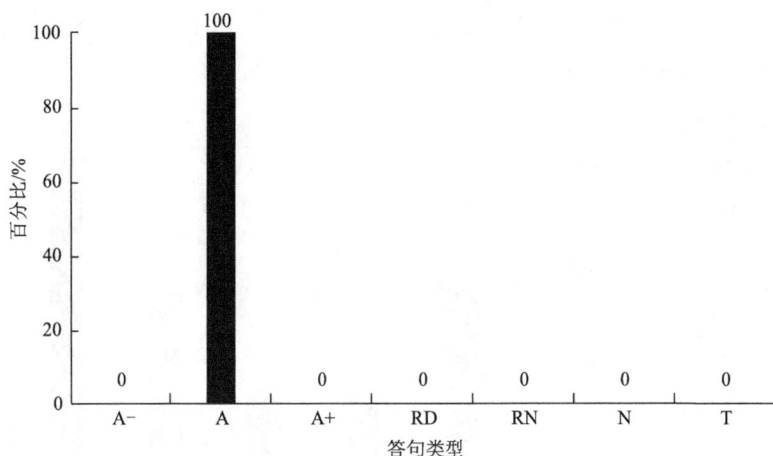

图 6-3　阶段 2 看护者答句类型分布

（6-9）A

@Situation：芊芊玩手机，假装打电话，突然婆婆打过来电话.

　　　　　　V1;8.13 岁

*FAT：又吃手机了？

*CHI：婆婆.

*CHI：喂.

*CHI：谁呀?

%act：对着手机讲话

*MOT：喂.

%act：手机响了，接听手机

*MOT：喂.

*MOT：咋了？

*MOT：妈，等一下儿.

%act：跟芊芊婆婆讲电话

*FAT：快，婆婆的电话.

*FAT：婆婆的电话.

图 6-4 显示，在阶段 3，看护者提供了五种答句类型：T［33%，如例（6-10）］、A+［22%，如例（6-11）］、N［22%，如例（6-12）］、RD［11%，如例（6-13）］和 RN［11%，如例（6-14）］。

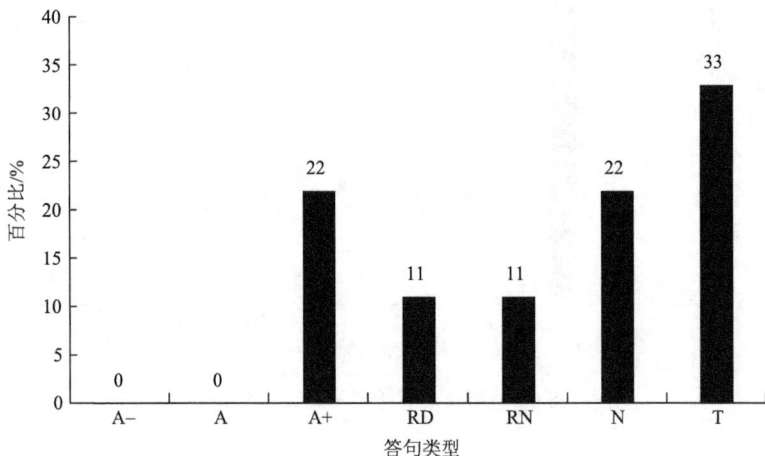

图6-4　阶段3看护者答句类型分布

（6-10）T

@Situation：芊芊和妈妈一起玩积木，却突然要找她的瓶盖儿. V2;0.10岁

*CHI：瓶盖儿在哪里？

*MOT：什么在哪里呀？

*CHI：我的瓶盖儿.

*MOT：瓶盖儿？

*MOT：谁知道你的瓶盖儿在哪里？

*MOT：我也不知道.

*CHI：这##瓶盖儿.

*MOT：哦，你说瓶盖儿#在妈妈坐的这个桶里头?

*MOT：是不是啊?

*MOT：你自己找找.

*MOT：你找找看有没有?

*CHI：在这里.

%act：翻妈妈坐的积木桶

*MOT：找找.

*MOT：妈妈坐这个桶你就觉着这个桶好.

*CHI：哎.

%act：往桶里扔一块积木

*MOT：有没有啊?

*CHI：有.

*MOT：让妈妈看看.

*CHI：0.

%act：举着积木桶让妈妈看

（6-11）A+

@Situation：芊芊一边玩积木，一边跟爸爸聊天. V1;11.22岁

*CHI：爸爸妈妈叫什么?

%act：看着爸爸

*CHI：爸爸妈妈叫什么?

%act：看了一下爸爸，低头继续弄那块红色的积木块

*FAT：0[=! 笑].

*FAT：爸爸妈妈叫什么?

*FAT：怎么忽然问这个?

*CHI：+<爸爸妈妈叫什么?

*FAT：0[=! 笑].

*CHI：爸爸妈妈叫什么?

%act：看着爸爸

*FAT：那好，你说：妈妈叫什么？

*CHI：0.

%act：看着爸爸

*FAT：妈妈叫什么？

*CHI：0.

%act：低头继续弄那块红色的积木块

*CHI：0[=! 尖叫].

%act：看了一下爸爸，低头继续弄那块红色的积木块

*CHI：xxx.

*FAT：芊芊？

*CHI：嗯？

*FAT：妈妈的妈妈是？

*CHI：叫婆婆.

%act：一直弄那块红色的积木块

*FAT：哦!

*FAT：妈妈的妈妈叫婆婆.

*FAT：爸爸的妈妈叫？

*CHI：爸爸.

%act：看着爸爸

*FAT：爸爸的妈妈叫？

*CHI：叫胡×.

@Comment：胡×是爸爸的小名.

*FAT：0[=! 笑].

*FAT：爸爸叫胡×.

*FAT：爸爸的妈妈叫？

*CHI：叫胡×.

%act：看着爸爸

*CHI：叫胡×.

%act：低头去捡掉下去的那块红色积木块

*FAT：+<叫奶奶.

*CHI：xxx.

*FAT：爸爸的爸爸叫？

*CHI：姑姑.

*FAT：不对.

*CHI：xxx.

*FAT：爸爸的妹妹叫姑姑.

*CHI：0.

%act：低着头弄那块红色的积木块

*FAT：爸爸的妈妈叫什么呀？

*CHI：妈妈.

*FAT：爸爸的妈妈叫什么？

*CHI：0.

%act：看了一下妈妈，低头继续弄那块红色的积木块

（6-12）N

@Situation：芊芊跟爸爸玩儿. V1;11.22岁

*CHI：衣服呢？

%act：在床的角落捡起一件衣服

*CHI：给.

%act：把衣服给爸爸

*CHI：0.

%act：转身

*CHI：这[?]件汪汪睡.

%act：转身要拿爸爸手中的衣服

*FAT：0.

%act：抬高手不让芊芊拿到衣服

*CHI：汪汪睡.

*CHI：这个.

%act：伸高手拿衣服

（6-13）RD

@Situation：芊芊和妈妈一起玩积木，却突然要找她的瓶盖儿. V2;0.10岁

*MOT：你把你的积木给收起来，不玩儿了.

*MOT：收起来吧.

*CHI：我#瓶盖儿呢?

*MOT：嗯?

*CHI：我瓶盖儿呢?

*MOT：干啥呀?

（6-14）RN

@Situation：芊芊和妈妈一起玩积木，却突然要找她的瓶盖儿. V2;0.10岁

*MOT：你把你的积木给收起来，不玩儿了.

*MOT：收起来吧.

*CHI：我#瓶盖儿呢?

*MOT：嗯?

图 6-5 显示，在阶段 4，看护者提供了五种答句类型：A［57%，如例（6-15）］、

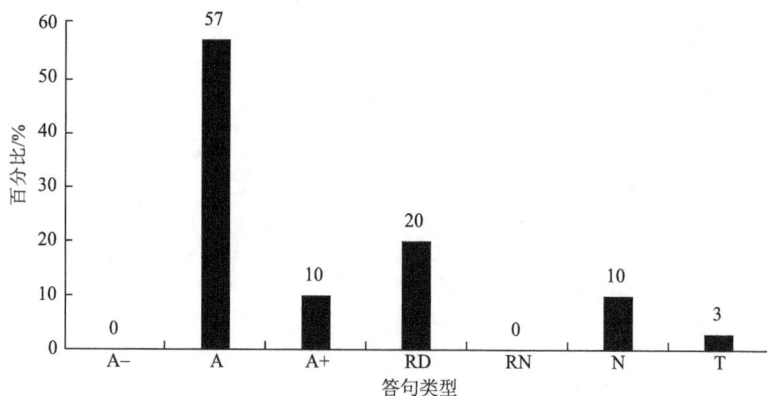

图 6-5　阶段 4 看护者答句类型分布

RD［20%，如例（6-16）］、A+［10%，如例（6-17）］、N［10%，如例（6-18）］
和 T［3%，如例（6-19）］。

（6-15）A

@Situation：芊芊和妈妈一起玩橡皮泥. A2;2.27岁

*CHI：0.

%act：把橡皮泥扔到地上

*MOT：咦，扔地上了.

*MOT：妈妈再做个再做个+...

*MOT：给，这个给你.

*MOT：这个糖豆儿.

%act：给芊芊糖豆儿

*CHI：掉了.

*MOT：掉了拾起来.

*CHI：哪儿呀?

MOT：在那儿.

*MOT：妈妈想要做饺子了!

*MOT：妈妈做个最最漂亮的饺子.

（6-16）RD

@Situation：婆婆说有煮好的玉米，芊芊去找玉米吃. V2;2.19岁

*GRM：我跟你说，妈妈在那边煮的有玉米.

*GRM：你去吃点儿行不行啊?

*CHI：行.

%act：去厨房找玉米

*GRM：去吧，叫你妈把这倒了.

*MOT：0.

%act：去倒桶里的水

*CHI：两个吗?

*MOT：你在干啥啊，芊芊?

*CHI：<我要>[/]我要xxx玉米.

（6-17）A+

@Situation：芊芊和妈妈一起用橡皮泥做蛋卷玩儿，芊芊却突然想
要吃真正的蛋卷儿.A2;2.27岁

*CHI：0.

%act：哭着去找婆婆

*CHI：有没有蛋卷儿?

*GRM：蛋卷儿，咱家呀?

*GRM：暂时没蛋卷儿，将来婆婆给你做一个蛋卷儿，行吧?

*GRM：家里没有.

*GRM：婆婆想办法给芊芊做个蛋卷儿.

（6-18）N

@Situation：芊芊和妈妈一起玩橡皮泥.A2;2.27岁

*CHI：这个是我的.

*CHI：这个是妈妈的#啊.

%act：分橡皮泥

*MOT：0.

%act：给录音笔挪挪位置

*CHI：你干吗呢?

*CHI：给妈妈一个.

*MOT：你给妈妈的是什么?

*CHI：糖豆.

*MOT：糖豆儿?

*MOT：那妈妈弄一个糖豆儿，给你放到碗儿里吧?

*CHI：行.

（6-19）T

@Situation：芊芊和妈妈一起用橡皮泥做蛋卷玩儿，芊芊却突然想

要吃真正的蛋卷儿. A2;2.27岁

*CHI：婆婆，有没有蛋卷儿?

*GRM：要蛋卷儿.

*GRM：你去做个蛋卷儿吧，我想吃哩.

*CHI：嗯.

*GRM：什么?

*CHI：有没有<一个>[/]一个xxx xxx.

*GRM：有没有什么啊?

图 6-6 显示，在阶段 5，看护者提供了六种答句类型：A［74%，如例（6-20）］、T［11%，如例（6-21）］、A+［6%，如例（6-22）］、RD［6%，如例（6-23）］、RN［1%，如例（6-24）］和 N［1%，如例（6-25）］。

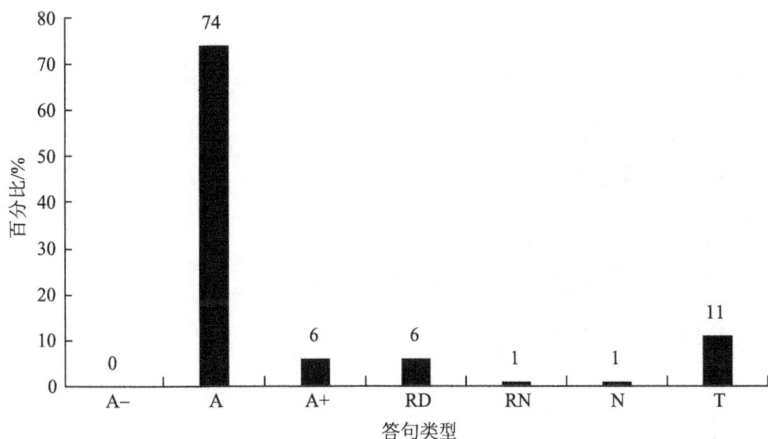

图 6-6　阶段 5 看护者答句类型分布

（6-20）A

@Situation：芊芊学习认识颜色. V2;5.9岁

*CHI：要什么颜色呀?

*FAT：要个黄色.

*CHI：黄.

%act：低头在桶里找，递出一个黄色的给爸爸

*GRM：哎呀!

*GRM：真好呀#这黄色拿得好呀!

%act：拍手

（6-21）T

@Situation：芊芊和妈妈一起看动画片《白雪公主》. V2;6.28岁

*CHI：妈妈.

*MOT：哎.

*CHI：她干啥呀?

MOT：谁干啥呀?

*CHI：她.

（6-22）A+

@Situation：芊芊和妈妈一起看动画片《白雪公主》. V2;6.28岁

*CHI：这啥呀?

MOT：那是个钟表.

MOT：他们该要下班了.

MOT：钟表到了五点钟就该要下班回家了.

MOT：该回家吃饭了.

（6-23）RD

@Situation：芊芊学习认识颜色. V2;5.9岁

*CHI：爸爸要胡+...

*CHI：爸爸要啥xxx色吧?

%act：捧起桶又放下

FAT：爸爸要什么颜色?

@Comment：纠正了芊芊的用词错误.

*CHI：爸爸要什么颜色?

%act：低头准备在桶里找

（6-24）RN

@Situation：芊芊找不到婆婆，让妈妈帮忙. A2;.5.31岁

*CHI：婆婆.

*CHI：婆婆哩?

%act：问妈妈婆婆去哪儿了

*MOT：我不知道呀.

（6-25）N

@Situation：芊芊和妈妈一起看动画片《白雪公主》. V2;6.28岁

*CHI：好高.

*CHI：谁好高啊?

*CHI：谁叫唤呀?

*MOT：鬼.

图 6-7 显示，在阶段 6，看护者提供了七种答句类型：A［51%，如例（6-26）］、

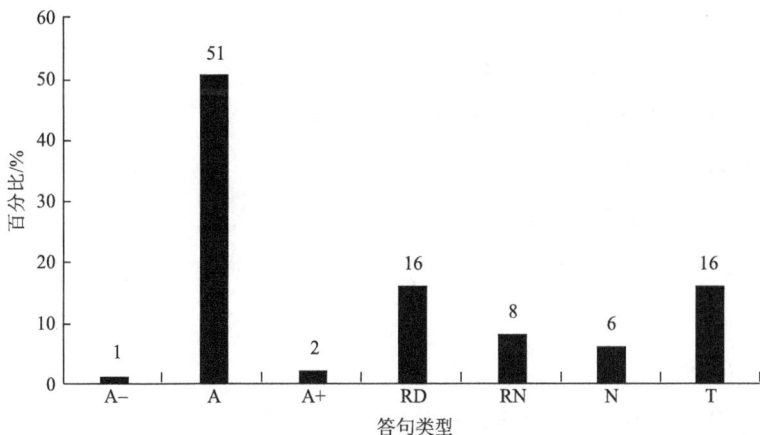

图 6-7　阶段 6 看护者答句类型分布

RD［16%，如例（6-27）］、T［16%，如例（6-28）］、RN［8%，如例（6-29）］、N［6%，如例（6-30）］、A+［2%，如例（6-31）］和 A−［1%，如例（6-32）］。

（6-26）A

@Situation：芊芊和妈妈一起玩北京奥运会纪念品福娃. A2;8.13岁

*MOT：去，把那个盖儿都拾过来，快.

*CHI：哎呀，哪#个盖儿呀?

MOT：福娃那边儿.

*CHI：福娃那个?

MOT：嗯，嗯.

（6-27）RD

@Situation：芊芊和妈妈一起做手工. A2;8.13岁

*CHI：我生气了.

*MOT：你生气了?

*CHI：你[/]你[/]你[/]你不知道?

*CHI：我xxx xxx，我#就不理你了.

*CHI：生气.

*CHI：不给你做手工了.

*CHI：我不给你#两个做手工了.

%act：走出去

MOT：回来.

*CHI：我生气走了.

（6-28）T

@Situation：芊芊和妈妈一起玩儿. A2;8.13岁

*CHI：妈妈别看!

*MOT：我不看.

*CHI：*xxx xxx没有人，咋办?*

*CHI：就没有了.

*MOT：什么没有了咋办呀?

*CHI：xxx xxx这个打开.

*CHI：好主意.

*CHI：好主意把这个也打开了.

*CHI：我好主意把这个也打开了.

（6-29）RN

@Situation：芊芊和妈妈一起玩儿. V2;9.19岁

*CHI：跟我过家家吧.

*MOT：行，就#就好.

*CHI：过家家.

CHI：<家家>[/]家家是什么?*

*MOT：嗯?

*CHI：*家家哩?*

*MOT：家家呀.

（6-30）N

@Situation：芊芊和妈妈一起玩过家家，妈妈是卖手工艺品的，芊
　　　　　　芊是买家. A2;8.13岁

*CHI：你做得不好.

*MOT：我又做得不好了?

*CHI：不好，你做得#不漂亮.

*MOT：啊.

*CHI：撕成#这个片儿.

*CHI：我的钱##还不容易.

*CHI：*你为什么要拿呀?*

*CHI：你做得不好.

*CHI：0.

%act：打妈妈

*MOT：好疼啊，好疼啊[=! 假装哭].

（6-31）A+

@Situation：芊芊询问奶盒上的信息. A2;8.13岁

*CHI：这个纯奶.

*MOT：对，纯奶.

*CHI：xxx 叫这是什么名字?

MOT：这个呀?

MOT：妈妈跟你说这上面写的是饮管孔.

MOT：就是说这个地方是插吸管儿的地方.

MOT：饮#管#孔.

%act：指着盒子上的字说

（6-32）A–

@Situation：妈妈打算给芊芊看一会儿《小美人鱼》. A2;8.13岁

*MOT：行了，妈妈给你开开那个#《小美人鱼》看一会儿吧?

*CHI：小美人鱼#它爸爸妈妈哩?

MOT：嗯，它妈妈不知道去哪儿了.

MOT：它爸爸是海底之王.

MOT：是海底的国王.

图 6-8 显示，在阶段 7，看护者提供了六种答句类型：A［62%，如例（6-33）］、T［18%，如例（6-34）］、RN［9%，如例（6-35）］、RD［5%，如例（6-36）］、N［3%，如例（6-37）］和 A+［2%，如例（6-38）］。

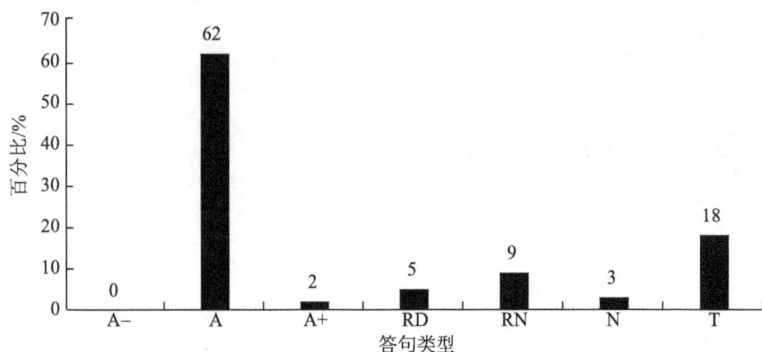

图 6-8　阶段 7 看护者答句类型分布

（6-33）A

@Situation：芊芊和妈妈讨论穿戴的问题. A2;11.27岁

*CHI：0.

%act：掀起来裙子看自己的小裤头

*MOT：哈，羞羞羞.

*CHI：我有小裤头儿.

*MOT：行，你这样好羞啊，芊芊.

*MOT：你是一个女孩子，不能把这个裙子给搂起来.

*CHI：男+/.

*MOT：把裙子搂起来很羞的.

*CHI：男[/]男孩子哩?

MOT：男孩子就不能穿裙子，男孩子全都得是#穿裤子.

*CHI：他穿什么呀?

MOT：一样穿小裤头.

*CHI：我哩?

*CHI：女生哩?

MOT：女生穿裙子，然后穿个小裤头.

（6-34）T

@Situation：妈妈带芊芊出门，发现楼下停放的自行车轮胎没有气

　　　　　了. A2;11.27岁

*CHI：*车#怎么没有#气呀？*

%act：下楼

*MOT：怎么没有什么？

%act：下楼

*CHI：气.

（6-35）RN

@Situation：妈妈和芊芊一起出去散步. A2;11.27岁

*MOT：这个门掉了，你看.

%act：指着操场的门

*MOT：这个门怎么掉了呢？

*CHI：*为什么呀？*

*MOT：不知道怎么回事.

*MOT：你看这是谁把这个门放到那个门后.

（6-36）RD

@Situation：芊芊吃了饭，又要吃东西. V2;10.1岁

*CHI：妈妈我饿了.

*MOT：你饿了？

*CHI：*你饿不饿？*

*MOT：不能老吃啊，今天下午吃了那么多，过来让我摸摸肚肚儿，

　　　　过来.

%act：摸芊芊的肚子

*MOT：你看看你的肚肚儿.

*MOT：你看，还鼓着呢.

*MOT：别吃了.

%act：摸着孩子的肚子给她看

（6-37）N

@Situation：婆婆和妈妈讨论怎么处理肉骨头. V3;0.14岁

*GRM：这个扔了吧，不行了.

CHI：哪?

*MOT：你扔了还煮煮啊?

*GRM：这不会有啥，都是干的里头，他弄哩.

%act：看着手里拿的骨头

*MOT：炸了.

*MOT：哦，那算了.

（6-38）A+

@Situation：电视显示大海的画面. V3;0.14岁

CHI：里边有没有鳄鱼?

%act：指着电视

*MOT：哦，那是大海，大海里边没有鳄鱼.

*CHI：小海哩?

*MOT：小海也没有啊.

*MOT：鳄鱼生活在湖里边.

　　图6-9显示，在阶段8，看护者提供了六种答句类型：A［53%，如例（6-39）］、T［19%，如例（6-40）］、N［11%，如例（6-41）］、RD［9%，如例（6-42）］、RN［5%，如例（6-43）］和A+［3%，如例（6-44）］。

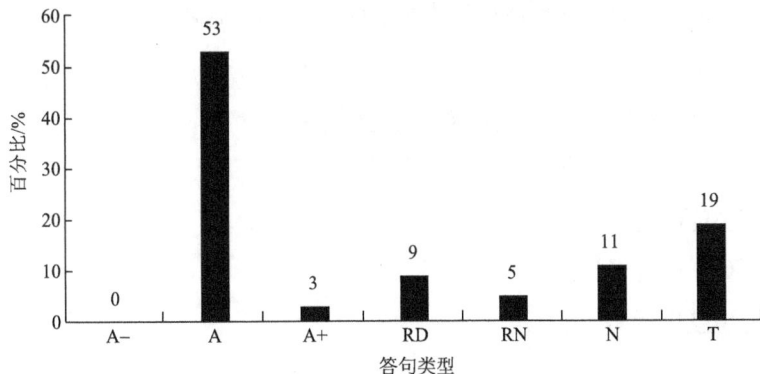

图6-9　阶段8看护者答句类型分布

（6-39）A

@Situation：芊芊和妈妈一起玩积木. V3;1.6岁

*CHI：*这个歪不歪呀?*

*CHI：你看我的.

*CHI：你看我的.

%act：给妈妈看自己的车子

*MOT：有一点歪呀.

%act：看看芊芊的车子

（6-40）T

@Situation：芊芊和妈妈一起玩积木. V3;1.6岁

CHI：哪个有比这个长的呀?

%act：拿了一个比较长的积木

*MOT：你比一比不就知道了吗?

%act：看着孩子

*CHI：知道.

%act：又拿了一块积木跟刚才拿的积木放在一起

（6-41）N

@Situation：芊芊画画. V3;2.11岁

*CHI：我[/]我给你画一枝染热色[?]的花儿，行不行?

*GRM：行.

CHI：你[/]你也没看过染热[?]的花儿吧?

%act：看着妈妈

*MOT：0.

CHI：没吧?

*MOT：0.

（6-42）RD

@Situation：芊芊和妈妈一起玩积木. V3;1.6 岁

*CHI：带#轮#子#的，在哪里呀[=! 唱歌]?

*CHI：带轮子的在哪里呀[=! 唱歌]?

%act：用眼睛在床上找积木

*MOT：你把那个眼睛拿给我.

%act：指着床上的一块积木

（6-43）RN

@Situation：芊芊和婆婆聊天. V3;2.11 岁

*CHI：妖怪哩?

*GRM：妖怪后来#跑了.

*CHI：跑哪儿了呀?

*GRM：我也不知道他跑到哪里去了.

*CHI：妖怪跑哪儿了呀?

%act：画画

*GRM：不#知道.

（6-44）A+

@Situation：芊芊和妈妈一起玩积木. V3;1.6 岁

*CHI：妈妈，这个是什么呀?

%act：把图纸抢过去看

*MOT：这个是恐龙.

*CHI：恐龙麻不麻烦呀?

%act：指着图纸

*MOT：麻烦啊.

*MOT：关键是咱们没有这样的积木.

*MOT：你看，这是弯积木，咱们这儿没有弯积木.

*MOT：这不一样.

*MOT：芊芊现在用的积木不一样的.

*MOT：这是个弯的积木，知道吗?

%act：指着图纸

从阶段 1 到阶段 8，看护者答句类型总数分别是 1、1、5、5、6、7、6 和 6，这说明随着儿童年龄的增长，看护者答句类型呈现逐渐多样化的趋势。此外，从阶段 1 到阶段 8，A+答句所占百分比是 100%、0%、22%、10%、6%、2%、2% 和 3%，这说明儿童年龄越小，看护者越倾向于提供附加信息，帮助儿童在认知和语言上获得进一步的发展。

6.2　多轮问答互动

儿童与看护者之间的多轮问答互动非常频繁，从阶段 1 到阶段 8，儿童与看护者之间的多轮问答互动占比分别是 0%、0%、67%、33%、32%、29%、48%和35%。儿童往往会就同一个问题反复提问，如例（6-45），或者进一步追加提问，如例（6-46）。

（6-45）反复提问

@Situation：芊芊和婆婆聊天.A3;0.27岁

CHI：<我的劲儿>[/]<我的劲儿>[/]我的劲儿被谁拿走了?

*GRM：你哩什么被谁拿走了?

CHI：我的劲儿被谁用了?

*GRM：你哩字?

CHI：劲儿，<我的>[/]<我的>[/]我的那个劲儿哩?

*GRM：劲儿?

*CHI：嗯.

*GRM：劲儿是什么啊?

*MOT：她哩那个+/.

*CHI：力气.

CHI：我的那个劲哩?

*GRM：记忆哩?

CHI：婆婆，<我的>[/]我的力气哩?

*GRM：你的力气?

*CHI：啊.

*GRM：力气是什么啊?

*MOT：劲儿.

*GRM：你哩劲儿在哪儿啊?

*CHI：劲儿在这里边.

*GRM：在这，对，劲儿在这儿.

*GRM：我说哩，这是啥东西哩?

*GRM：哎，你的劲儿[=! 笑].

*GRM：想有劲儿啊，得吃饭.

*CHI：吃完饭+/.

*GRM：锻炼，运动，就会有劲儿了.

（6-46）追加提问

@Situation：芊芊和妈妈一起看动画片《白雪公主》. V2;6.28岁

*CHI：小矮人呢?

*MOT：小矮人呐.

*MOT：小矮人现在还在矿厂里面挖钻石呢.

*CHI：挖钻石干啥?

*MOT：挖钻石卖了以后可以赚钱呀.

*CHI：赚钱干啥呀?

*MOT：赚钱了可以买<很多>[/]很多#好东西呀.

*CHI：买好东西干啥?

*MOT：买东西买好吃的，可以吃啊.

*MOT：买好玩的可以玩啊.

CHI：谁玩啊?

*MOT：小矮人呐.

表 6-1 显示，如果看护者给予的答句能够回答儿童的疑问（即答句属于 A–、A 和 A+），儿童反复/追加提问的比例很高（61%）；如果看护者给予的答句不能回答儿童的疑问（即答句属于 RD、RN、N 和 T），儿童反复/追加提问的比例也较高（39%）。此外，当看护者给予的答句属于 A、T、RD 或 RN 类时，儿童更倾向于提出反复/追加问句。

表 6-1　多轮问答互动分布状况

类别	A–	A	A+	RD	RN	N	T	总数
频数/次	1	132	7	22	15	5	45	227
百分比/%	0	58	3	10	7	2	20	100

第一，如果看护者给予答句，信息量刚好（即答句属于 A 类），但仍不能解开儿童的疑惑，儿童反复/追加提问的比例高达 58%，如例（6-47）。

（6-47）追加提问
@Situation：芊芊和妈妈聊天. V2;6.16岁
*CHI：0.
%act：拿起来床头吃过的口香糖
*MOT：不能吃.
*MOT：扔了，扔了.
CHI：这谁吃的?
*MOT：妈妈吃的.（A）
*MOT：妈妈吃的口香糖.（A）
CHI：芊芊哩?
*MOT：芊芊下午也吃过了.

第二，如果看护者让儿童回答自己的问题（即答句属于 T 类），儿童反复/追加提问的比例为 20%，如例（6-48）。

（6-48）追加提问

@Situation：芊芊和妈妈一起玩积木. V3;1.6岁

*CHI：*我那个车哩?*

*MOT：哪个车啊?（T）

*CHI：我那个车.

%act：在积木堆里扫视想要的车

*MOT：我不知道你那个车放哪儿了.

*CHI：你给我弄坏了.

*CHI：*你是不是给我毁了呀?*

*MOT：没有!

*CHI：我怎么看见<给我>[/]给我毁了呀?

*MOT：是吗?

*CHI：嗯.

第三，如果看护者给予回应，但是提供的信息跟儿童询问的信息不同（即答句属于 RD 类），儿童提出反复/追加问句的比例是 10%，如例（6-49）。

（6-49）反复提问

@Situation：芊芊和妈妈一起玩橡皮泥. A2;2.27岁

*MOT：妈妈要做一个小巧的烧卖.

*CHI：这[/]这光[/]光[/]光xxx.

*CHI：这个光xxx.

*CHI：*麦呢?*

*MOT：不是麦，是烧卖.（RD）

*CHI：*烧麦在哪里?*

*MOT：烧麦你+...

*MOT：妈妈刚才给你了.

第四，如果看护者给予回应，但是没有提供任何信息（即答句属于 RN 类），儿童提出反复/追加问句的比例是 7%，如例（6-50）。

（6-50）反复提问
@Situation：芊芊找不到婆婆，让妈妈帮忙.A2;5.31 岁
*CHI：婆婆.
*CHI：婆婆哩?
%act：问妈妈婆婆去哪儿了
MOT：我不知道呀.（RN）
*CHI：婆婆哩?
*MOT：不知道.
*MOT：来，走吧，咱们俩去找找.
*CHI：我要婆婆[=! 哭].
*MOT：哎，不能哭，不能哭，咱俩去找找.
*MOT：走吧.
*MOT：找找去.

6.3 小　　结

无论儿童处于哪个年龄段，看护者绝大多数情况下会给儿童的提问给予答句，提供信息。随着儿童年龄的增长，看护者给予答句类型逐渐多样化。从阶段 3 开始，儿童与看护者之间的多轮问答互动非常频繁，儿童往往会就同一个问题反复提问，或者进一步追加提问。

第7章 结 论

7.1 研 究 发 现

本书调查了一名说汉语儿童芊芊 1—3 岁的问句习得特征、看护者的问句使用特征，以及儿童与看护者之间的问答互动特征。

儿童芊芊从 1;6 岁左右开始产出问句，随着年龄的增长，问句使用频率呈现出逐步增多的趋势，儿童话语中问句总量占语句总量的 8%。在儿童话语中，有些问句在发展阶段呈现出格式化的倾向，在成熟阶段格式化倾向逐渐消退，句型变得丰富多彩，如含有疑问语气词"啊"和"吧"的问句，以及含有疑问代词"什么"、"为什么"和"怎么"的问句；然而，有些问句却不存在格式化倾向，句型从一开始就丰富多样，如含有疑问语气词"吗"和"呢"的问句，以及含有疑问代词"谁"、"哪儿"和"几"的问句。此外，疑问代词"哪里"经常跟某些词搭配，会经常出现于某些词丛中。儿童产出的不同意图类型的问句呈现出不同的状况：寻求信息类问句占问句总数的 70%，占比呈现逐步减少的趋势；非寻求信息类问句占问句总数的 30%，占比则呈现逐步增多的趋势。此外，寻求事实类问句占寻求信息问句总量的 74%，占比总体呈现减少的趋势；寻求解释类问句占寻求信息问句总量的 26%，占比则总体呈现逐步增多的趋势。儿童产出的不同内容的问句数量从多到少依次是：行为>地点>心理理论>身份>外表>归属>标签>状态>部分>不确定>数/归纳>功能>属性>层级。

看护者问句使用频率在20%到33%区间浮动，总体呈现比较平稳的趋势。在看护者话语中，少数问句在发展阶段呈现出格式化的倾向，在成熟阶段格式化倾向逐渐消退，句型变得丰富多彩（如含有疑问代词"哪儿"和"几"的问句）；然而，绝大多数问句却不存在格式化倾向，句型从一开始就丰富多样（如含有疑问语气词"啊"、"吧"、"吗"和"呢"的问句,以及含有疑问代词"什么"、"怎么"、"谁"、"为什么"、"怎么样"、"哪里"和"多少"的问句);此外,疑问代词"怎样"经常跟某些词搭配,会经常出现于某些词丛中。

无论儿童处于哪个年龄段,看护者绝大多数情况下会给儿童的提问给予答句,提供信息。针对儿童提出的问句,看护者提供的答句占比从高到低依次是:A(看护者给予答句,信息量刚好,占比61%)>T(看护者让儿童回答自己的问题,占比15%)>RD(看护者给予回应,但是提供的信息跟儿童询问的信息不同,占比9%)>RN(看护者给予回应,但是没有提供任何信息,占比5%)>N(看护者没有回答儿童的问题,占比5%)>A+(看护者给予答句,并提供额外的信息,占比4%)>A–(看护者给予答句,但是信息量不足,占比0%)。从阶段1到阶段8,看护者答句类型总数分别是1、1、5、5、6、7、6和6,这说明随着儿童年龄的增长,看护者答句类型呈现逐渐多样化的趋势。此外,从阶段1到阶段8,A+答句所占百分比是100%、0%、22%、10%、6%、2%、2%和3%,这说明儿童年龄越小,看护者越倾向于提供附加信息,帮助儿童在认知和语言上获得进一步的发展。儿童与看护者之间的多轮问答互动非常频繁,从阶段1到阶段8,儿童与看护者之间的多轮问答互动占比分别是0%、0%、67%、33%、32%、29%、48%和35%。如果看护者给予的答句能够回答儿童的疑问(即答句属于A、A和A+),儿童反复/追加提问的比例较高(61%);如果看护者给予的答句不能回答儿童的疑问(即答句属于RD、RN、N和T),儿童反复/追加提问的比例也很高(39%)。此外,当看护者给予的答句属于A、T、RD或RN类时,儿童更倾向于提出反复/追加问句。

7.2 问句习得影响因素

考虑到儿童问句习得过程中体现出来的特征,结合相关文献,我们把影响问句习得的因素分为以下四类:汉语问句特征、儿童认知发展、看护者语言输入以及问答互动特征。

7.2.1 汉语问句特征

问句的复杂度和凸显度都会影响儿童问句习得过程。一方面，问句在句法上比较复杂，这使其比陈述句晚习得。儿童一般1岁左右就可以产出由单个的词语构成的陈述句了，然而，疑问句往往在1;6岁左右开始习得。另一方面，某些凸显度较高的疑问句会较早习得。疑问语气词"啊"［如例（7-1）］、"吧"［如例（7-2）］、"呢"［如例（7-3）］和"吗"［如例（7-4）］位于句尾，凸显度较高，因此，含有这些疑问语气词的疑问句往往也会较早习得。

（7-1）@Situation：芊芊假装打电话. V1;6.2岁

  *CHI：喂.

  *CHI：喂.

  CHI：谁[?] 啊[?]?

  %act：把包的背带当电话放在耳朵旁说话

  *MOT：你给爷爷打个电话让爷爷#给你吃饭.

  *MOT：给爷爷打个电话.

  *MOT：会不会?

  *CHI：0.

  %act：看着妈妈

  *CHI：爷爷.

  %act：把包的背带放在耳朵旁说，然后又继续玩包包，把带子挂到脖子上

（7-2）@Situation：芊芊让爸爸给她打开手机听歌. V1;11.22岁

  *CHI：爸爸#开.

  %act：看着手机，尝试按手机上的键想开手机

  CHI：<爸爸>[/] 爸爸弄开，听歌吧?

  %act：把手机递给爸爸

  CHI：跳舞吧?

  %act：转过身去

　　　　　*FAT：0[=! 笑].

（7-3）@Situation：将要吃晚饭了，芊芊跟家里人玩儿. V1;11.22岁

　　　　　*CHI：+<尿尿.

　　　　　*MOT：尿去吧.

　　　　　*FAT：尿完尿干什么呢?

　　　　　*CHI：xxx.

　　　　　CHI：<尿完尿>[/] 尿完尿之后干什么呢?

　　　　　*GRM：吃饭.

（7-4）@Situation：芊芊和姥爷聊天. V2;2.9岁

　　　　　CHI：姥[/]姥爷有毛吗?

　　　　　*CHI：没有.

　　　　　%act：指着姥爷身上的汗毛

　　　　　*GRF：有哇.

　　　　　CHI：芊芊有毛吗?

　　　　　*GRF：谁没毛.

　　　　　*CHI：芊芊头发有毛.

　　　　　%act：摸摸自己的头发

　　　　　*GRF：头上有毛.

　　　　　%act：摸头

　　　　　*GRF：这儿也有毛.

　　　　　%act：摸腋窝

7.2.2　儿童认知发展

　　儿童认知发展一般遵循从具体到抽象的过程，这对问句习得会产生影响。本书研究表明，儿童较早习得询问具体内容的问句，较晚习得询问抽象内容的问句。例如，含有疑问代词"谁"［如例（7-5）］、"什么"［如例（7-6）］、"哪里"［如例（7-7）］和"哪儿"［如例（7-8）］的疑问句往往用于询问具体的人物、事物和地点等，这些问句往往较早习得。相反，含有疑问代词"几"［如

例（7-9）〕、"怎么"〔如例（7-10）〕和"为什么"〔如例（7-11）〕的问句往往用于询问抽象的数或者因果关系，这些问句往往较晚习得。

（7-5）@Situation：芊芊玩手机，假装打电话，突然婆婆打过来电话. V1;8.13岁

  *FAT：又吃手机了？

  *CHI：婆婆.

  *CHI：喂.

  CHI：谁呀？

  %act：对着手机讲话

  *MOT：喂.

  %act：手机响了，接听手机

  *MOT：喂.

  *MOT：咋了？

  *MOT：妈，等一下儿.

  %act：跟芊芊婆婆讲电话

  *FAT：快，婆婆的电话.

  *FAT：婆婆的电话.

  *FAT：去，跟婆婆打.

  *CHI：0.

  %act：跑到妈妈身边

  *CHI：0.

  %act：伸手问妈妈要手机

（7-6）@Situation：芊芊一边玩积木，一边跟爸爸聊天. V1;11.22岁

  CHI：爸爸妈妈叫什么？

  %act：看着爸爸

  CHI：爸爸妈妈叫什么？

  %act：看了一下爸爸，低头继续弄那块红色的积木块

  *FAT：　0[=! 笑].

*FAT：爸爸妈妈叫什么？

*FAT：怎么忽然问这个？

CHI：+<爸爸妈妈叫什么？

*FAT：0[=! 笑].

CHI：爸爸妈妈叫什么？

%act：看着爸爸

*FAT：那好，你说：妈妈叫什么？

*CHI：0.

%act：看着爸爸

（7-7）@Situation：芊芊和妈妈一起玩积木，却突然要找她的瓶盖儿.

V2;0.10岁

*CHI：我#瓶盖儿呢？

*MOT：嗯？

*CHI：我瓶盖儿呢？

*MOT：干啥呀？

*CHI：瓶盖儿？

*MOT：什么盖儿呀？

CHI：瓶盖儿在哪里？

*MOT：什么在哪里呀？

*CHI：我的瓶盖儿.

*MOT：瓶盖儿？

*MOT：谁知道你的瓶盖儿在哪里？

*MOT：我也不知道.

*CHI：这##瓶盖儿.

*MOT：哦，你说瓶盖儿#在妈妈坐的这个桶里头？

*MOT：是不是啊？

*MOT：你自己找找.

*MOT：你找找看有没有？

*CHI：在这里.

%act：翻妈妈坐的积木桶

（7-8）@Situation：芊芊身上有些痒，让姑姑帮她挠挠．V2;1.16岁

*ZHA：到底哪儿呀？

*CHI：哪儿痒啊？

*CHI：你挠一下．

*CHI：这边．

*ZHA：哪[/]哪个地方痒呀？

*ZHA：这个地方痒呀？

*ZHA：你看红不红，哪儿痒啊？

*CHI：都红了．

*ZHA：这儿红了．

*ZHA：哪儿痒呀？

*ZHA：你给姑姑说哪个地方痒？

*ZHA：哪个地方痒呀？

*CHI：这边．

%act：指着小腿的一个地方

（7-9）@Situation：婆婆教芊芊数数．V2;5.9岁

*GRM：这是几个，乖乖．

%act：伸出右手的三个手指

*CHI：八个．

%act：很爽快地回答

*GRM：哎，没看准．

*GRM：这是几个？

*GRM：几个？

*CHI：0．

%act：待了一会儿，模仿婆婆的样子也伸出了三个手指

*CHI：几个？

*GRM：几个指头怎样啊？

%act：右手的三根手指作出抓抓的动作，提示芊芊

*CHI：两+...

*GRM：哎，再想这几个.

（7-10）@Situation：芊芊给妈妈讲故事，突然发现果冻盒子破了.
V2;6.16岁

*MOT：你再给我讲个故事吧?

*CHI：怎么烂了?

*MOT：没事的.

*MOT：没关系.

*MOT：烂了先放这儿.

*MOT：没事.

*CHI：0.

%act：摸果冻盒

*MOT：不管它了.

*MOT：不管它了.

（7-11）@Situation：芊芊和妈妈一起玩过家家，妈妈是卖手工艺品的，芊芊是买家. A2;8.13岁

*CHI：你做得不好.

*MOT：我又做得不好了?

*CHI：不好，你做得#不漂亮.

*MOT：啊.

*CHI：撕成#这个片儿.

*CHI：我的钱##还不容易.

*CHI：你为什么要拿呀?

*CHI：你做得不好.

7.2.3　看护者语言输入

在儿童母语习得的过程中，看护者语言输入（输入频率、输入顺序、输入复杂度和凸显度等）会对儿童习得产生一定的影响（陈敏 2008；Clancy 1989；Hsu et al. 2017；Hart & Risley 1992；Huttenlocher et al. 2010；Lieven 2010；Pan et al. 2005；Rowe 2012；Rowland et al. 2003）。

本书研究表明，儿童问句使用频率跟看护者语言输入关系不大。图 7-1 显示，在儿童话语中，问句占比呈现稳步增多的趋势，从阶段 1 的 0% 逐步增长到阶段 7 的 15%，到了阶段 8 又略微降低至 14%；而在看护者话语中，问句使用频率比较稳定，始终在 20% 至 33% 区间徘徊。

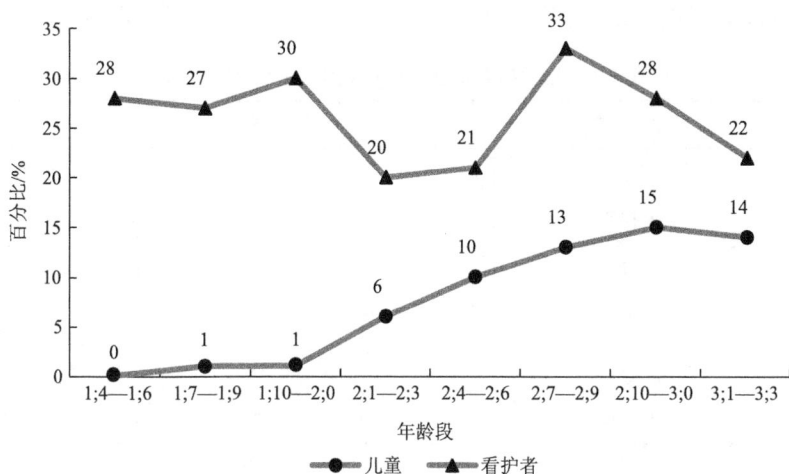

图 7-1 儿童和看护者话语中的问句使用状况

儿童问句的句法习得特征跟看护者语言输入部分相关。第一，在儿童话语中，有些问句在发展阶段呈现出格式化的倾向，在成熟阶段格式化倾向逐渐消退，句型变得丰富多彩（如含有"啊"、"吧"、"什么"、"为什么"和"怎么"的问句）；然而，有些问句却不存在格式化倾向，句型从一开始就丰富多样（如含有"吗"、"呢"、"谁"、"哪儿"和"几"的问句）。在看护者话语中，少数问句在发展阶段呈现出格式化的倾向，在成熟阶段格式化倾向逐渐消退，句型变得丰富多彩（如含有疑问代词"哪儿"和"几"的问句）；然而，绝大多数问句却不存在格式化倾向，句型从一开始就丰富多样。儿童产出的含有"哪儿"和"几"的问句从一开始就丰富多彩，而看护者产出的含有这两个疑问词的问句却在发展阶段呈现出格式化的倾向。第二，儿童跟看护者话语中疑问词的高频搭配词部分一致（表 7-1）。有些疑问词的高频搭配词完全一致，例如，疑问代词"哪儿"的高频搭配词都是"了"、"在"、"呀"、"去"和"啊"。有些疑问词的高频搭配词部分一致。例如，在儿童话语和看护者话语中，"谁"和"不"都是疑问语气词"啊"的高频搭配词；"是"、"干"和"你"都是疑问代词"什么"的高频搭配词；"呀"、"啊"、"要"和"你"都是疑问代词"为什么"的高频搭配词。有些疑问词的高频搭配词完全不一致。例如，在儿童话语中，疑问语气词"呢"的高频搭配词是"我"、"的"和"妈妈"；而在看护者话语中，"呢"的高频搭配词是"你"、"什么"、"怎么"、"那"和"的"。

表 7-1　儿童和看护者话语中疑问词的高频搭配词

疑问词	语料来源	高频搭配词				
啊	儿童	谁	不	行	咋	为什么
	看护者	不	是	你	谁	怎么
吧	儿童	你	了	我	的	
	看护者	了	你	好	给	是
吗	儿童	有	你	吃		
	看护者	是	你	不	了	的
呢	儿童	我	的	妈妈		
	看护者	你	什么	怎么	那	的
什么	儿童	是	干	你	妈妈	
	看护者	呀	是	你	干	这
怎么	儿童	我				
	看护者	你	啊	呀	了	的
谁	儿童	当	呀	了	啊	你
	看护者	啊	呀	的	是	你
哪儿	儿童	了	在	呀	去	啊
	看护者	啊	去	呀	在	了
几	儿童	N/A				
	看护者	个	啊	是	这	呀
为什么	儿童	呀	啊	要	你	
	看护者	啊	你	不	呀	要

续表

疑问词	语料来源	高频搭配词		
怎么样	儿童	N/A		
	看护者	啊		
哪里	儿童	在		
	看护者	在	啊	呀
多少	儿童	N/A		
	看护者	钱		
怎样	儿童	N/A		
	看护者	啊		

注：①表中带□的词是儿童跟看护者话语中的共享高频搭配词。此外，在儿童话语中，含有疑问代词"怎么样"、"多少"和"怎样"的疑问句尚未出现，而含有疑问代词"几"的疑问句数量极少，无法产生高频搭配词的数据。因此，本表仅展示看护者话语中疑问代词"几"、"怎么样"、"多少"和"怎样"的高频搭配词。②N/A 表示没有。

7.2.4　问答互动特征

维果茨基认为儿童的发展有两种层次：实际发展层次与潜在发展层次。实际发展层次是儿童的现有水平，即儿童独立解决问题时显示的水平；潜在发展层次是儿童即将达到的水平，即儿童在成人的指点、协助或同伴合作条件下所能达到的解决问题的能力。这两种水平之间的差距，就是最近发展区（zone of proximal development，ZPD）（Vygotsky et al. 1978）。布鲁纳从最近发展区理论中得到诸多启发，提出了"支架式教学"（scaffolding instruction）（Wood et al. 1976）。"支架"一词原指建筑行业中的"脚手架"。布鲁纳借此比喻以形象地说明看护者与儿童之间在最近发展区内有效的教学互动：儿童的"学"好像一个不断建构着的建筑，而看护者的"教"则像一个必要的"脚手架"，支持儿童不断建构和内化所学的知识，发展认知能力，进而进行更高水平的认知活动。支架式教学的本质在于：以最近发展区作为看护者介入的空间，为儿童的学习提供支持，促使儿童主动而有效地学习。

儿童提问展示了儿童主动求知的意愿及其实际发展层次。如果看护者认真对待儿童的问题，为儿童提供支架，在他的最近发展区内给予必要的支持或提出挑战性的任务，那么，儿童就可能完成本来自身无法完成的任务，进入潜在发展层次。研究显示，看护者跟儿童之间高质量的你来我往的互动对儿童的语言和认知发展都有促进作用（Chouinard 2007；Kathy et al. 2015；Lieven 2019；Romeo et al. 2018；Sun et al. 2018）。

本书研究表明，儿童与其看护者之间的问答互动良好：看护者绝大多数情况下会给儿童的提问给予答句；儿童年龄越小，看护者越倾向于提供附加信息，帮助儿童在认知和语言上获得进一步的发展；无论儿童处于哪个年龄段，儿童与看护者之间的多轮问答互动都非常频繁。这种良性的问答互动模式使儿童提出了较多的寻求解释类问句，此类问句占寻求信息类问句的 26%，这跟 Chouinard（2007）的研究结果近似。相反，不良的问答互动模式会使儿童提出较少的寻求解释类问句，Gauvain 等（2013）的研究结果证实了这一点。

7.3　后续研究

本书有助于凸显儿童与看护者之间的问答互动方式对儿童问句习得产生的影响，并据此提出育儿指导方案，以促进儿童语言和认知的健康发展，具有积极的社会意义。此外，搞清汉语儿童问句习得过程及其背后的机制，不仅可以为我国儿童语言教育设计提供科学依据（如教学语言的使用、内容的取舍、教材结构设计和教学方式选取等），还可以为对外汉语教学以及人工智能开发等领域提供参考。

后续研究可以从以下几个方面展开。第一，开展实验研究，调查儿童与看护者的问答互动方式对儿童的语言及认知的影响。第二，开展基于儿童口语语料库的对比研究，调查来自不同文化的儿童与其看护者的问答互动方式及其对儿童后期语言发展的影响。第三，以儿童的真实问题作为提示语，对比聊天机器人提供的答案与人类看护者提供的答案，调查两者在信息量、叙述方法与语言难度等方面的异同。

参 考 文 献

陈敏. 2008. 语言输入频率与儿童特殊疑问句习得顺序. 长沙铁道学院学报（社会科学版）, 9(4): 208-210.

范继淹. 1982. 是非问句的句法形式. 中国语文, (6): 426-434.

李宇明, 陈前瑞. 1997. 儿童问句系统理解与发生之比较. 世界汉语教学, (4): 91-99.

李宇明, 唐志东. 1991. 汉族儿童问句系统习得探微. 武汉: 华中师范大学出版社.

陆俭明. 1982. 由"非疑问形式+呢"造成的疑问句. 中国语文, (6): 435-438.

吕叔湘. 2014. 中国文法要略. 北京: 商务印书馆.

邵敬敏. 2014. 现代汉语疑问句研究. 北京: 商务印书馆.

唐志东, 李宇明. 1989. 汉族儿童"吗""吧"问句的发展. 语言研究, (2): 1-11.

袁毓林. 1993. 正反问句及相关的类型学参项. 中国语文, (2): 103-111.

朱德熙. 1982. 语法讲义. 北京: 商务印书馆.

Callanan, M. A. & Oakes, L. M. 1992. Preschoolers' questions and parents' explanations: Causal thinking in everyday activity. *Cognitive Development*, 7(2): 213-233.

Cheung, S. A. 1995. *Acquisition of Wh-Questions by Cantonese-Speaking Children*. Hong Kong: The Hong Kong Polytechnic University.

Chouinard, M. M. 2007. Children's questions: A mechanism for cognitive development. *Monographs of the Society for Research in Child Development*, 72(1): vii-ix, 1-112.

Clancy, P. M. 1989. Form and function in the acquisition of Korean wh-questions. *Journal of Child Language*, 16(2): 323-347.

Conesa, M. D. G., Lozano, E. A. & Carnicero, J. A. C. 2010. Infant vocabulary spurt and first language: A review. *Anales de Psicologia*, 26(2): 341-347.

Frazier, B. N., Gelman, S. A. & Wellman, H. M. 2009. Preschoolers' search for explanatory information within adult-child conversation. *Child Development*, 80(6): 1592-1611.

Gauvain, M. & Munroe, R. L. 2012. Cultural change, human activity, and cognitive development. *Human Development*, 55(4): 205-228.

Gauvain, M., Munroe, R. L. & Beebe, H. 2013. Children's questions in cross-cultural perspective: A four-culture study. *Journal of Cross-Cultural Psychology*, 44(7): 1148-1165.

Goldfield, B. A. & Reznick, J. S. 1990. Early lexical acquisition: Rate, content, and the vocabulary spurt. *Journal of Child Language*, 17(1): 171-183.

Grimshaw, J. 1990. *Argument Structure*. Cambridge: MIT Press.

Harris, P. L. 2014. *Trusting What You're Told*. Cambridge: Harvard University Press.

Hart, B. & Risley, T. R. 1992. American parenting of language-learning children: Persisting differences in family-child interactions observed in natural home environments. *Developmental Psychology*, 28(6): 1096-1105.

Hickling, A. K. & Wellman, H. M. 2001. The emergence of children's causal explanations and theories: Evidence from everyday conversation. *Developmental Psychology*, 37(5): 668-683.

Hood, L., Bloom, L. & Brainerd, C. J. 1979. What, when, and how about why: A longitudinal study of early expressions of causality. *Monographs of the Society for Research in Child Development*, 44(6): 1-47.

Hsu, N., Hadley, P. A. & Rispoli, M. 2017. Diversity matters: Parent input predicts toddler verb production. *Journal of Child Language*, 44(1): 63-86.

Huttenlocher, J., Waterfall, H., Vasilyeva, M., et al. 2010. Sources of variability in children's language growth. *Cognitive Psychology*, 61(4): 343-365.

Kathy, H. P., Adamson, L. B., Roger, B., et al. 2015. The contribution of early communication quality to low-income children's language success. *Psychological Science*, 26(7): 1071-1083.

Li, H., Jing, M. G. & Wong, E. C. M. 2017. Predicting the development of interrogative forms and functions in early years: A corpus-based study of Mandarin-speaking young children. *Journal of Child Language*, 44(1): 216-238.

Lieven, E. 2010. Input and first language acquisition: Evaluating the role of frequency. *Lingua*, 120(11): 2546-2556.

Lieven, E. 2019. Input, interaction, and learning in early language development. In V. Grøver, P. Uccelli, M. Rowe, et al. (Eds.), *Learning through Language: Towards an Educationally Informed Theory of Language Learning* (pp. 19-30). Cambridge: Cambridge University Press.

Pan, B. A., Rowe, M. L., Singer, J. D., et al. 2005. Maternal correlates of growth in toddler vocabulary production in low-income families. *Child Development*, 76(4): 763-782.

Romeo, R. R., Leonard, J. A., Robinson, S. T., et al. 2018. Beyond the 30-million-word gap: Children's conversational exposure is associated with language-related brain function. *Psychological Science*, 29(5): 700-710.

Rowe, M. L. 2012. A longitudinal investigation of the role of quantity and quality of child-directed speech in vocabulary development. *Child Development*, 83(5): 1762-1774.

Rowland, C. F., Pine, J. M., Lieven, E. V., et al. 2003. Determinants of acquisition order in wh-questions: Re-evaluating the role of caregiver speech. *Journal of Child Language*, 30(3): 609-635.

Smith, M. E. 1933. The influence of age, sex, and situation on the frequency, form and function of questions asked by preschool children. *Child Development*, 4(3): 201-213.

Sun, J., Lau, C., Sincovich, A., et al. 2018. Socioeconomic status and early child development in East Asia and the Pacific: The protective role of parental engagement in learning activities. *Children and Youth Services Review*, 93(1): 321-330.

Tizard, B. & Hughes, M. 1984. *Young Children Learning*. Cambridge: Harvard University Press.

Tomasello, M. 2003. *Constructing a Language: A Usage-based Theory of Language Acquisition*. Cambridge: Harvard University Press.

Tyack, D. & Ingram, D. 1977. Children's production and comprehension of questions. *Journal of*

Child Language, 4(2):211-224.

Vygotsky, L. S., Cole, M., John-Steiner, V., et al. 1978. *Mind in Society: The Development of Higher Psychological Processes*. Cambridge: Harvard University Press.

Wood, D., Bruner, J. S. & Ross, G. 1976. The role of tutoring in problem solving. *Journal of Child Psychology and Psychiatry and Allied Disciplines*, 17(2): 89-100.

附录 儿童与看护者的多轮问答互动①

阶段 3

序号	儿童年龄	多轮问答互动例句
1、2、3、4②	V1;11.22 岁	@Situation：芊芊一边玩积木，一边跟爸爸聊天. *CHI：爸爸妈妈叫什么?¹ %act：看着爸爸 *CHI：爸爸妈妈叫什么?² %act：看了一下爸爸, 低头继续弄那块红色的积木块 *FAT：0[=!笑]. **FAT：爸爸妈妈叫什么?** **FAT：怎么忽然问这个?** *CHI：+<爸爸妈妈叫什么?³ **FAT：0[=!笑].** *CHI：爸爸妈妈叫什么?⁴ %act：看着爸爸 **FAT：那好, 你说: 妈妈叫什么?**
5、6、7、8	V2;0.10 岁	@Situation：芊芊和爷爷一起拼积木, 芊芊负责找积木, 爷爷负责拼装. *CHI：给. *CHI：给. %act：又拿了一块积木给爷爷 *GRF：0. %act：没有接 *CHI：0. %act：自己把积木放到盒子上

---

① 由于附录主要展示儿童与看护者之间的多轮问答互动,因此,本部分使用下划线斜体凸显儿童问句,
下划线加粗凸显看护者答句, 但却没有使用下划线凸显看护者问句.

② 序号 1 代表阶段 3 儿童产出的第一个问句, 下同.

续表

序号	儿童年龄	多轮问答互动例句
5、6、7、8	V2;0.10 岁	*CHI：*是不是?*[5]* *CHI：*是不是?*[6]* ***GRF：是不是爷爷都知道是不是.** %act：把刚摆好的小汽车放到盒子上 *CHI：*是不是?*[7]* *CHI：*是不是?*[8]* ***GRF：你说是不是?** %act：拿着看床上的积木 *CHI：别拿多了. *CHI：玩不成了.
9、10、11、12	V2;0.10 岁	@Situation：芊芊和妈妈一起玩积木，却突然要找她的瓶盖儿. *MOT：你把你的积木给收起来，不玩儿了. *MOT：收起来吧. *CHI：*我#瓶盖儿呢?*[9]* ***MOT：嗯?** *CHI：*我瓶盖儿呢?*[10]* ***MOT：干啥呀?** *CHI：*瓶盖儿?*[11]* ***MOT：什么盖儿呀?** *CHI：*瓶盖儿在哪里?*[12]* ***MOT：什么在哪里呀?** *CHI：我的瓶盖儿. *MOT：瓶盖儿? ***MOT：谁知道你的瓶盖儿在哪里?** ***MOT：我也不知道.** *CHI：这##瓶盖儿. *MOT：哦，你说瓶盖儿#在妈妈坐的这个桶里头? *MOT：是不是啊? *MOT：你自己找找. *MOT：你找看看有没有? *CHI：在这里. %act：翻妈妈坐的积木桶

阶段 4

序号	儿童年龄	多轮问答互动例句
1、2	A2;2.27 岁	@Situation：芊芊和妈妈一起玩橡皮泥. *MOT：这个是玉米糖做的糖豆儿. *MOT：玉米做的糖豆儿. *MOT：玉米糖豆儿. *CHI：有没有阿尔匹斯糖啊?[1] **MOT：有, 妈妈给你做一个阿尔匹斯糖豆儿#啊.** *CHI：妈, 我要#阿尔匹斯糖[/]糖豆儿. *CHI：妈, 有没有啊?[2] **MOT：有, 妈妈马上给你做一个#啊.** **MOT：这个就是阿尔匹斯糖豆儿.** %act：给芊芊做一个糖豆儿
3、4	A2;2.27 岁	@Situation：芊芊和妈妈一起玩橡皮泥. *MOT：妈妈要做一个小巧的烧麦. *CHI：这[/]这光[/]光 xxx. *CHI：这个光 xxx. *CHI：麦呢?[3] **MOT：不是麦, 是烧麦.** *CHI：烧麦在哪里?[4] **MOT：烧麦你+...** **MOT：妈妈刚才给你了.**
5、6、7、8、9、10、11	A2;2.27 岁	@Situation：芊芊和妈妈一起用橡皮泥做蛋卷玩儿, 芊芊却突然想要吃真正的蛋卷儿. *MOT：芊芊, 来来来. *MOT：给, 妈妈给你做了个蛋卷儿. *CHI：妈<妈妈>[/]<妈妈>[/]妈妈, 有没有蛋卷儿?[5] **MOT：妈妈给你做了一个.** *CHI：嗯[=!不满]. *CHI：有没有蛋卷儿?[6] **MOT：妈妈给你做一个.** *CHI：有没有蛋卷儿?[7] **MOT：你说的是什么蛋卷儿啊?** *CHI：这个蛋卷儿. *MOT：妈妈不知道你说的是什么蛋卷儿. *CHI：这个蛋卷儿. *MOT：给, 妈妈给你做一个蛋卷儿.

续表

序号	儿童年龄	多轮问答互动例句
5、6、7、8、9、10、11	A2;2.27 岁	*CHI：蛋这个蛋[=!哭闹]. *MOT：没有, 咱家里没有蛋卷儿. *MOT：没有吃的蛋卷儿. *CHI：蛋卷儿. *MOT：没有, 不信你去问问婆婆. *CHI：蛋卷儿. *MOT：不信你去问婆婆有没有蛋卷儿. *CHI：*婆婆, 有没有蛋卷儿?*[8] ***GRM：要蛋卷儿.** ***GRM：你去做个蛋卷儿吧. 我想吃哩.** *CHI：嗯. *GRM：什么? *CHI：*有没有<一个>[/]一个 xxx?*[9] ***GRM：有没有什么啊?** *GRM：我里头不湿. *GRM：你想着我的鞋湿了? *GRM：我的鞋不会湿. *GRM：我这鞋是不会湿的鞋, 知道吧? *CHI：0. %act：跟婆婆一起踩衣服 *MOT：芊芊. *CHI：0. *MOT：芊芊. *CHI：0. *GRM：行, 好了. *MOT：来呀, 妈妈给你做了一个红色的. *GRM：妈妈给你做了个红色的. *MOT：红色的蛋卷儿. *CHI：<我要>[/]我要 xxx 蛋卷儿. *MOT：没有蛋卷儿, 芊芊. *CHI：蛋卷儿. *CHI：*家里有没有蛋卷儿?*[10] ***MOT：没有, 家里没有蛋卷儿, 芊芊.** *CHI：蛋卷儿. *MOT：没有.

序号	儿童年龄	多轮问答互动例句
5、6、7、8、9、10、11	A2;2.27 岁	*MOT：妈妈给你做一个吃. *CHI：嗯[=!不满]. *MOT：没有蛋卷儿, 不信你去问婆婆. *MOT：我没有. *CHI：0. %act：哭着去找婆婆 *CHI：有没有蛋卷儿?[11] ***GRM：蛋卷儿, 咱家呀?** ***GRM：暂时没蛋卷儿, 将来婆婆给你做一个蛋卷儿, 行吧?** ***GRM：家里没有.** ***GRM：婆婆想办法给芊芊做个蛋卷儿.**
12、13、14、15、16、17、18	V2;2.19 岁	@Situation：婆婆说有煮好的玉米, 芊芊去找玉米吃. *GRM：我跟你说, 妈妈在那边煮的有玉米. *GRM：你去吃点儿行不行啊? *CHI：行. %act：去厨房找玉米 *GRM：去吧, 叫你妈把这倒了. *MOT：0. %act：去倒桶里的水 *CHI：两个吗?[12] ***MOT：你在干啥啊, 芊芊?** *CHI：<我要>[/]我要 xxx 玉米. *MOT：你想#要什么? *CHI：玉米. *MOT：等一下妈妈把水倒了给你拿. *CHI：把玩具倒掉了! *MOT：放心吧, 妈妈不会. %act：倒水 *CHI：把我玩具倒掉了. %act：想哭 *MOT：没有, 还在里头呢, 放心吧. *MOT：你看. *MOT：妈妈给你放着呢. *MOT：好吧, 把这个小桶掂给婆婆, 让婆婆去[/]去弄桶水.

序号	儿童年龄	多轮问答互动例句
12、13、14、15、16、17、18	V2;2.19 岁	*CHI：0. %act：扭头走了 *MOT：芊芊，来. *MOT：把这个桶掂给婆婆. *MOT：让婆婆去[/]去[/]去接水. *MOT：你的玩具等一会儿再给你. *CHI：0. %act：把桶给婆婆 *MOT：妈妈等一下再给你玉米. *MOT：先把这个小桶给婆婆. *MOT：给婆婆去. *CHI：给姥爷. *MOT：不用给姥爷了，姥爷睡觉呢. *MOT：去给婆婆吧. *GRM：拿来给我吧. *GRM：快点 xxx. *CHI：0. %act：把桶扔给婆婆 *GRM：咦. *GRM：叫我接水. *CHI：吃玉米. *MOT：等一下妈妈给你拿. *CHI：0. %act：拾地上的塑料袋 *MOT：把这个塑料袋给扔到垃圾桶里. *MOT：把这个塑料袋给扔到垃圾桶里. *CHI：0. %act：去扔塑料袋 *MOT：垃圾桶在哪儿啊? *CHI：垃圾桶. %act：把塑料袋扔到垃圾桶里 *MOT：好，妈妈给你找个玉米啊. *MOT：玉米来了. *MOT：没有? %act：揭开锅

序号	儿童年龄	多轮问答互动例句
		*CHI：没有.
		*MOT：找找.
		*CHI：在那边.
		*CHI：这边儿.
		%act：把手放在冰箱门上
		*MOT：0.
		%act：打开冰箱门
		*MOT：哎?
		%act：找不到玉米
		*CHI：0.
		%act：推冰箱门
		*MOT：别动, 别动, 别动.
		*MOT：妈妈想想啊.
		*MOT：看看.
		*CHI：玉米呢?[13]
		*MOT：那没煮.
		*MOT：来, 往后站, 妈妈关上冰箱.
12、13、14、15、16、17、18	V2;2.19 岁	*MOT：应该不在冰箱里.
		*MOT：往后站.
		*MOT：再往后站.
		*MOT：再往后站.
		*MOT：好的.
		%act：关住冰箱门
		*MOT：你去问问姥姥放哪儿了?
		*CHI：妈妈找不到.
		%act：跑去问姥姥
		*CHI：姥姥.
		*GRM：哎.
		*CHI：玉米在哪呀?[14]
		*GRM：在+…
		*GRM：没有在冰箱里吗?
		*MOT：没有.
		*GRM：有啊.
		*MOT：没有.
		*GRM：走, 我去看看在不在冰箱.
		*GRM：走, 我给你找找.

续表

序号	儿童年龄	多轮问答互动例句
12、13、14、15、16、17、18	V2;2.19 岁	*GRM：走吧.
		*GRM：去找找.
		*GRM：我帮你找找.
		*GRM：怎么找不到啊?
		*GRM：是不是?
		*GRM：来这儿看看.
		*CHI：找不到呀.
		*GRM：在哪呀玉米?
		*GRM：玉米跑到哪儿去了?
		*GRM：让我看一看.
		*CHI：这个.
		%act：去摸冰箱门
		*GRM：这里边没有, 是吧?
		%act：看看橱柜
		*GRM：我再看这里边.
		%act：走到冰箱旁边
		*GRM：开开.
		*CHI：0.
		%act：开冰箱
		*GRM：行, 起来.
		*CHI：+"一闪+".
		*GRM：+"一闪一闪亮晶晶+".
		*CHI：+"满天都是小星星+".
		*GRM：这弄哪儿去了?
		*GRM：今天我还见有个玉米在这上边.
		*GRM：哎?
		*MOT：是不是姥爷给吃了?
		*GRM：不会.
		*GRM：看在不在外边?
		*GRM：走, 到外边去看看.
		*GRM：<关着>[/]<关着>[/]关着冰箱.
		*GRM：芊芊关着门.
		*CHI：0.
		%act：关住冰箱门
		*CHI：在这边, 这边.
		%act：指着橡皮泥

续表

序号	儿童年龄	多轮问答互动例句
12、13、14、15、16、17、18	V2;2.19 岁	*GRM：那里边#不是.
		*GRM：那是橡皮泥.
		*GRM：嗯?
		*GRM：明明有一个玉米呀.
		*GRM：上哪儿去了呀?
		*GRM：怪了.
		%act：在柜子里找
		*GRM：不会吃了吧?
		*GRM：我搁到外边, 专一叫芊芊吃哩.
		*GRM：我说叫这一节凉着.
		*GRM：弄不好是他吃了吧?
		*GRM：没了, 你姥爷吃了.
		*MOT：你去问姥爷.
		*GRM：别问了, 他正睡觉.
		*CHI：0.
		%act：去找姥爷
		*MOT：算了, 别问了.
		*GRM：姥爷睡觉呢.
		*MOT：+<姥爷正睡觉呢.
		*GRM：过来.
		*MOT：过来.
		*MOT：别问了.
		*MOT：过来吧.
		*CHI：问问姥爷吃了没有?[15]
		*CHI：姥爷吃了没有?[16]
		%add：姥爷
		*CHI：吃了没有?[17]
		*GRF：芊芊.
		*CHI：玉[/]玉米[/]玉米#没有.
		*GRF：吃了.
		*GRF：姥爷吃了.
		*CHI：吃完?[18]
		*GRF：姥爷吃完了.
		*CHI：玉[/]玉米找不着.

阶段 5

序号	儿童年龄	多轮问答互动例句
		@Situation：芊芊在操场玩儿，找不到婆婆了，让妈妈帮忙找.
		*CHI：婆婆.
		*CHI：婆婆哩?[1]
		%act：问妈妈婆婆去哪儿了
		MOT：我不知道呀.
		*CHI：婆婆哩?[2]
		MOT：不知道.
		MOT：来，走吧，咱们俩去找找.
		*CHI：我要婆婆[=!哭].
		*MOT：哎，不能哭，不能哭，咱俩去找找.
		*MOT：走吧.
		*MOT：找找去.
		*CHI：0[=!哭].
		*MOT：怎么了?
		*MOT：你哭了有什么用啊?
		*CHI：0[=!哭].
		*MOT：你哭了有什么用?
1、2、3、4、5	A2;.5.31 岁	*MOT：婆婆去给你藏了.
		*CHI：我找不到了.
		*MOT：婆婆是给你藏去了吧?
		*CHI：我找不到了.
		*MOT：你找不到了?
		*CHI：嗯.
		*MOT：那她就是不想让你找到啊.
		*MOT：她就是想跟你藏个目啊，乖乖.
		*CHI：xxx xxx.
		*MOT：是，咱俩一块儿去找，好不好?
		*CHI：好.
		*MOT：行吧?
		*CHI：好.
		*MOT：那找不到婆婆的话，跟着妈妈不也一样的吗?
		*CHI：不.
		*MOT：行吧?
		*CHI：嗯[=!不同意].
		*MOT：还有妈妈呢.

续表

序号	儿童年龄	多轮问答互动例句
1、2、3、4、5	A2;5.31 岁	*MOT：找不到婆婆了，妈妈抱着你回家不也一样？ *CHI：嗯[=!不同意]. *MOT：好不好？ *CHI：嗯[=!不同意]. *MOT：好吧？ *CHI：嗯[=!不同意]. *CHI：*婆婆，上哪儿了？*[3] **MOT：那你得自己找啊.** *CHI：*藏哪儿了呀？*[4] **MOT：我不知道，你下来找找吧.** *CHI：*藏哪儿了？*[5] **MOT：藏哪儿了？** **MOT：你下来找找吧？** *CHI：xxx 藏目，找不到了.
6、7	V2;5.9 岁	@Situation：芊芊学习认识颜色. *CHI：爸爸要胡+… *CHI：*爸爸要啥 xxx 色吧？*[6] %act：捧起桶又放下 **FAT：爸爸要什么颜色？** @Comment：纠正了芊芊的用词错误. *CHI：*爸爸要什么颜色？*[7] %act：低头准备在桶里找 **FAT：爸爸要个#要<一个>[/]一个蓝色的.** *GRM：蓝色. *CHI：蓝色. %act：低头在桶里找
8、9	V2;6.16 岁	@Situation: 芊芊和妈妈聊天. *CHI：0. %act：拿起来床头吃过的口香糖 *MOT：不能吃. *MOT：扔了，扔了. *CHI：*这谁吃的？*[8] **MOT：妈妈吃的.** **MOT：妈妈吃的口香糖.** *CHI：*芊芊哩？*[9] **MOT：芊芊下午也吃过了.**

续表

序号	儿童年龄	多轮问答互动例句
10、11	V2;6.28 岁	@Situation：芊芊和妈妈一起看动画片《白雪公主》. *CHI*: 这是啥呀?[10] **MOT：嗯?** *CHI*: 这个啥呀?[11] **MOT：谁啊?** *CHI*: 这鸽子. *MOT：哦, 小鸽子, 代表白雪公主#去跟王子说说话. *MOT：小鸽子觉得好羞啊, 脸都红了.
12、13、14	V2;6.28 岁	@Situation：芊芊和妈妈一起看动画片《白雪公主》. *CHI*: 她[/]她要干啥呀?[12] **MOT：她要把白雪公主给杀掉.** *CHI*: 她干啥呀?[13] **MOT：她找一个手下的人把白雪公主给杀掉.** *CHI*: 杀了干啥呀?[14] **MOT：杀了之后, 她就成世界上最美的女人了.** **MOT：白雪公主就[/]就死了.**
15、16、17	V2;6.28 岁	@Situation：芊芊和妈妈一起看动画片《白雪公主》. *MOT：你看! *CHI*: 这啥呀?[15] **MOT：这是小鹿呀, 它头上卧了几个小鸟.** *CHI*: 吃哪#吃啥呀?[16] **MOT：吃草呀.** *CHI*: 它咋吃呀?[17] **MOT：用嗓子, 用嘴一嚼一嚼的.**
18、19、20、21、22	V2;6.28 岁	@Situation：芊芊和妈妈一起看动画片《白雪公主》. *CHI*: 小鸟干啥呀?[18] **MOT：小鸟带着白雪公主去找小矮人的小木屋啊.** *CHI*: 找小木屋干啥?[19] **MOT：那#白雪公主晚上的时候没有地方睡觉.** **MOT：她需要找一个地方睡觉呀.** *CHI*: 怕不怕?[20] **MOT：不怕.** *CHI*: 不怕干啥呀?[21] **MOT：因为那个小木屋不是女巫的小木屋, 是小矮人的小木屋.** **MOT：小矮人#好喜欢白雪公主呢.** *CHI*: 她不怕吗?[22] **MOT：她不怕呀.**

序号	儿童年龄	多轮问答互动例句
23、24、25、26、27	V2;6.28 岁	@Situation：芊芊和妈妈一起看动画片《白雪公主》. *CHI：小矮人呢?[23] **MOT：小矮人呐.** **MOT：小矮人现在还在矿厂里面挖钻石呢.** *CHI：挖钻石干啥?[24] **MOT：挖钻石卖了以后可以赚钱呀.** *CHI：赚钱干啥呀?[25] **MOT：赚钱了可以买<很多>[/]很多#好东西呀.** *CHI：买好东西干啥?[26] **MOT：买东西买好吃的, 可以吃啊.** **MOT：买好玩的可以玩啊.** *CHI：谁玩啊?[27] **MOT：小矮人呐.**
28、29、30、31、32	V2;6.28 岁	@Situation：芊芊和妈妈一起看动画片《白雪公主》. *CHI：哪个屋黑呀?[28] **MOT：嗯?** *CHI：哪个屋黑呀?[29] **MOT：这个屋就好黑啊.** *CHI：哪个呀?[30] **MOT：它这个屋就很黑.** **MOT：因为它屋里边儿太脏了.** **MOT：玻璃#也好脏啊.** *MOT：玻璃也好脏. *MOT：嗯[/]嗯, 玻璃也好黑. *MOT：是啊, 你看, 到处都脏得不得了. *CHI：这是谁的衣服?[31] **MOT：不是衣服, 那是白雪公主拿了一块抹布.** *CHI：抹布?[32] **MOT：哎, 她把那个#到处的灰给擦干净.** **MOT：抹布上有好多好多灰啊.** **MOT：她把那个抹布拿到窗户上给它+/.**
33、34	V2;6.28 岁	@Situation：芊芊和妈妈一起看动画片《白雪公主》. *CHI：干啥呀?[33] **MOT：哎呦呦.** **MOT：这个小#她把那个蜘[/]蜘蛛网给弄掉.** *CHI：弄掉干啥呀?[34] **MOT：因为蜘蛛网在墙上好难看啊.** **MOT：你看, 她也在弄蜘蛛网.**

续表

序号	儿童年龄	多轮问答互动例句
35、36、37	V2;6.28 岁	@Situation：芊芊和妈妈一起看动画片《白雪公主》. *CHI：这是谁的衣服?³⁵ ***MOT：这是七个小矮人的衣服呀.** *CHI：戴着干啥呀?³⁶ %act：看到白雪公主把衣服挂到小鹿的角上 ***MOT：唔?** *CHI：干啥呀?³⁷ ***MOT：这个小鹿, 它身上挂的是#小矮人的脏衣服.**
38、39、40	V2;6.28 岁	@Situation：芊芊和妈妈一起看动画片《白雪公主》. *CHI：小矮人在哪儿呀?³⁸ ***MOT：小矮人, 你看, 一会儿就来了.** *CHI：在哪儿呀?³⁹ ***MOT：等一下, 等一下.** *CHI：咋回事儿啊?⁴⁰ ***MOT：看见了吧?** ***MOT：看见小矮人了没有?** ***MOT：小矮人在矿[/]矿场里边挖#宝石呢.** ***MOT：你看, 挖呀挖呀, 努力挖.**
41、42	V2;6.28 岁	@Situation：芊芊和妈妈一起看动画片《白雪公主》. *CHI：他干啥呀?⁴¹ ***MOT：它把这个#不太好的宝石给#<扔到>[/]扔到水里边去.** ***MOT：不要了.** *CHI：好的哩?⁴² ***MOT：好的, 要卖呀.** ***MOT：好的, 拿到市场上去卖钱呀.**
43、44	V2;6.28 岁	@Situation：芊芊和妈妈聊天. *CHI：妈妈, 这啥呀?⁴³ ***MOT：什么?** *CHI：袜子. *MOT：这是芊芊的袜子呀. *CHI：这[/]这是啥呀?⁴⁴ ***MOT：哪个是啥呀?** *CHI：上边. *MOT：哦, 下边的. *MOT：那是印上的花儿. *MOT：印的花儿. *MOT：没看到一样的吗? *MOT：印的花儿.

序号	儿童年龄	多轮问答互动例句
45、46、47	V2;6.28 岁	@Situation：芊芊和妈妈一起看动画片《白雪公主》. *CHI：他干啥呀?45 **MOT：他们回家呀.** *CHI：回家干啥呀?46 **MOT：回家吃饭#睡觉啊.** *CHI：睡觉干啥呀?47 **MOT：睡觉干啥?** **MOT：累了.** **MOT：瞌睡了.**
48、49	V2;6.28 岁	@Situation：芊芊和妈妈一起看动画片《白雪公主》. *CHI：他干啥呀?48 **MOT：他在找找看家里边东西丢了没有.** *CHI：丢了没有?49 **MOT：没有啊.**
50、51	V2;6.28 岁	@Situation：芊芊和妈妈一起看动画片《白雪公主》. *CHI：它干啥呀?50 **MOT：这个小鸟#恶作剧.** **MOT：在墙上嘟嘟嘟.** *CHI：叨干啥呀?51 **MOT：让他们#吓吓他们.** **MOT：吓吓这些小矮人们.**
52、53	V2;6.28 岁	@Situation：芊芊和妈妈一起看动画片《白雪公主》. *CHI：干啥呀?52 **MOT：他们要上去#把那个#魔鬼给杀掉.** *CHI：杀了干啥?53 **MOT：魔鬼在他们家里边, 他们就没法儿回家了.** **MOT：他们要把魔鬼杀掉.** **MOT：其实上那个不是魔鬼.** **MOT：是白雪公主盖了个单子.**
54、55	V2;6.28 岁	@Situation：芊芊和妈妈一起看动画片《白雪公主》. *CHI：这是干啥呀?54 **MOT：嗯?** *CHI：这是干啥呀?55 **MOT：他说白雪公主长得好漂亮.** **MOT：像天使一样.**

续表

序号	儿童年龄	多轮问答互动例句
56、57	V2;6.28 岁	@Situation：芊芊和妈妈一起看动画片《白雪公主》. *CHI: 谁爱生气呀?56* ***MOT：你看, 他就是爱生气.** *CHI: 哪一个?57* ***MOT：就这个, 在说话这个.** *CHI：说话的.
58、59	V2;6.28 岁	@Situation：芊芊和妈妈一起看动画片《白雪公主》. *CHI: 他, 小矮人的衣服呢?58* ***MOT：小矮人的衣服在外面洗了洗晾着呢.** *CHI：晾着+… *CHI: 他穿的啥呀?59* ***MOT：他现在+…** ***MOT：他有很多衣服呀.** ***MOT：有的衣服洗了, 有的衣服没有洗啊.**
60、61、62、63、64	V2;6.28 岁	@Situation：芊芊和妈妈一起看动画片《白雪公主》. *CHI: 爱生气的哩?60* ***MOT：爱生气就不洗.** *CHI: 爱生气在哪儿啊?61* ***MOT：在那个#凳子上坐呢.** *CHI: 坐干啥呀?62* ***MOT：他生气了.** *CHI: 生气干啥呀?63* ***MOT：他就是不想洗手.** ***MOT：他生气.** *CHI: 他生气干啥呀?64* ***MOT：因为白雪公主要他洗, 他不洗, 他就生气.**
65、66	V2;6.28 岁	@Situation：芊芊和妈妈一起看动画片《白雪公主》. *CHI: 他干啥呀?65* ***MOT：你看!** *CHI: 他干啥呀?66* ***MOT：他要逮住这个#爱生气.** ***MOT：逮住他.** ***MOT：按到水缸里面.** ***MOT：洗脸!**

续表

序号	儿童年龄	多轮问答互动例句
67、68、69	V2;6.28 岁	@Situation：芊芊和妈妈一起看动画片《白雪公主》. *CHI：谁叫唤呀?[67] **MOT：鬼**. *CHI：谁叫唤呀?[68] **MOT：鬼**. *CHI：谁叫唤呀?[69] *CHI：魔鬼啊.
70、71、72、73	V2;6.28 岁	@Situation：芊芊和妈妈一起看动画片《白雪公主》. *CHI：妖怪呢?[70] **MOT：妖怪一会儿就来找她**. *CHI：在哪儿啊?[71] **MOT：在路上**. *CHI：谁走路啊?[72] **MOT：那个#妖怪**. **MOT：那个女巫**. *CHI：这个走路，在哪儿走路啊?[73] **MOT：在森林里边走啊**.
74、75	V2;6.28 岁	@Situation：芊芊和妈妈一起看动画片《白雪公主》. *CHI：他睡到哪儿啊?[74] **MOT：他睡到锅里边儿啊**. *CHI：睡锅里干啥呀?[75] **MOT：他没有床**. **MOT：白雪公主去他们家**. **MOT：白雪公主睡他们的床**. **MOT：他没有床睡，所以他就给**. **MOT：你看，他睡到壁柜里边**. **MOT：呵呵，这一个#万事通睡到了水盆儿里边去**. **MOT：因为他也没有地方睡，他也把自己的床#让给白雪公主了**.

阶段 6

序号	儿童年龄	多轮问答互动例句
1、2	A2;8.13 岁	@Situation：芊芊和妈妈一起玩北京奥运会纪念品福娃. *MOT：我跟你说，我把这个福娃给竖起来.

续表

序号	儿童年龄	多轮问答互动例句
1、2	A2;8.13 岁	%act：把福娃竖起来 *CHI：嗯嗯，妈妈这个. %act：把妈妈竖起来的福娃弄倒 *MOT：啊[=!叫]. *CHI：*你干啥?*[1] **MOT：我不让你摸.** *CHI：*不让干啥?*[2] *CHI：这儿没有了. **MOT：你看，你看，这 xxx 都竖起来了.**
3、4、5	A2;8.13 岁	@Situation：芊芊和妈妈一起玩游戏. *CHI：我生气走了. *MOT：回来. *CHI：*你要我回来干啥?*[3] **MOT：回来.** *CHI：*回来干啥?*[4] **MOT：回来.** *CHI：*回来干啥?*[5] **MOT：xxx xxx xxx.** *CHI：那好吧，你下次改正吗? *MOT：我改正. *CHI：那好，那我就#不生气走了. *CHI：那[/]那[/]那[/]那听话吗? *MOT：听. *CHI：那好.
6、7	A2;8.13 岁	@Situation：妈妈打算给芊芊看一会儿《小美人鱼》. *MOT：行了，妈妈给你开开那个#《小美人鱼》看一会儿吧? *CHI：*小美人鱼#它爸爸妈妈哩?*[6] **MOT：嗯，它妈妈不知道去哪儿了.** **MOT：它爸爸是海底之王.** **MOT：是海底的国王.** *CHI：*妈妈呢?*[7] **MOT：妈妈不知道去哪儿了.**

序号	儿童年龄	多轮问答互动例句
8、9	A2;8.13 岁	@Situation：芊芊和妈妈一起玩北京奥运会纪念品福娃. *MOT：去，把那个盖儿都拾过来，快. *CHI：哎呀，哪#个盖儿呀?[8] **MOT：福娃那边儿.** *CHI：福娃那个?[9] **MOT：嗯，嗯.** *CHI：0. %act：帮妈妈把盖子拾过去
10、11、12	A2;8.13 岁	@Situation：芊芊教育妈妈要讲卫生. *CHI：你不讲卫生，你不讲，你得讲[/]讲卫生，因为要扔[/]扔+... *CHI：不能扔地下，得扔垃圾桶里边的. *MOT：哦. *CHI：要不然把你滑倒咋办?[10] **MOT：哦.** *CHI：这样一滑，把你哧溜. *MOT：0[=!笑]. *CHI：把你滑倒了咋办?[11] **MOT：哦，那行，那我以后就讲点儿卫生吧.** *CHI：要不然滑[/]滑+... *CHI：把你滑倒了咋办呢?[12] *CHI：妈妈，妈妈，你剥剥吧. *MOT：你不是说等一下你给我剥的吗? *CHI：我#等会儿再剥.
13、14	A2;8.13 岁	@Situation：芊芊询问奶盒上的信息. *CHI：这个纯奶. *MOT：对，纯奶. *CHI：xxx 叫这是什么名字?[13] **MOT：这个呀?** **MOT：妈妈跟你说这上面写的是饮管孔.** **MOT：就是说这个地方是插吸管儿的地方.** **MOT：饮#管#孔.** %act：指着盒子上的字说 **MOT：知道了吧?** *CHI：这叫什么名字?[14] **MOT：饮#管#孔.**

序号	儿童年龄	多轮问答互动例句
15、16	A2;8.13 岁	@Situation：芊芊和妈妈一起剥橘子吃. *CHI：<你的>[/]你的手没有指甲，我有指甲. *MOT：哦，你有指甲呀. *CHI：你[/]你有指甲吗?¹⁵ ***MOT：我有啊.** *CHI：你xxx 会剥这个吗?¹⁶ ***MOT：会呀.** *CHI：我给你剥吧. *MOT：0[=!笑]. *CHI：0. %act：给妈妈剥橘子
17、18	A2;8.13 岁	@Situation：芊芊跟妈妈聊小伙伴安安的情况. *CHI：安安有酸奶吗?¹⁷ ***MOT：有.** *CHI：安安有别的?¹⁸ ***MOT：也有.** ***MOT：他妈妈给他买的.**
19、20、21	V2;8.17 岁	@Situation: 芊芊跟爸爸妈妈玩儿. *FAT：芊芊. *FAT：妈妈没钱了，买不了了. *CHI：妈妈有钱吗?¹⁹ ***FAT：没有了.** *CHI：有没有啊?²⁰ *CHI：有没有啦?²¹ %act：看着妈妈 ***MOT：0.** %act：点头 *CHI：妈妈还有哩. %act：看着爸爸，继续玩毛巾
22、23	V2;8.27 岁	@Situation：芊芊跟妈妈玩儿. *CHI：你有好东西的?²² ***MOT：嗯.** *CHI：你有好东西吧?²³ ***MOT：我把好东西拿出来，等一会儿跟娃娃玩.**

序号	儿童年龄	多轮问答互动例句
24、25	V2;8.27 岁	@Situation：芊芊跟布偶玩过家家，假装喂布偶吃饭. *CHI：姐姐搅一会儿. %act：拿勺子用力敲盘子 *MOT：哎，不敢，不敢. *CHI：这样吧?[24] %act：轻轻地 **MOT：轻轻地，轻轻地.** **MOT：要不然就给弄烂了#啊.** **MOT：那么漂亮的盘子给弄烂了怎么办?** *CHI：是这样?[25] %act：挥着勺子在空中搅 **MOT：嗯，是的.**
26、27、28	V2;9.19 岁	@Situation：芊芊和妈妈聊天. *CHI：在[/]在#哪个班#班#排呢?[26] **MOT：嗯?** *CHI：哪个班排呢?[27] **MOT：妈妈的学生哟.** *CHI：学生的班排?[28] **MOT：啊，妈妈的学生嘛.** %act：用电脑 *CHI：妈妈你给我打开项链儿吧.
29、30、31	V2;9.19 岁	@Situation：芊芊和妈妈一起玩儿. *CHI：跟我过家家吧. *MOT：行，就#就好. *CHI：过家家. *CHI：<家家>[/]家家是什么?[29] **MOT：嗯?** *CHI：家家哩?[30] **MOT：家家呀.** *CHI：家家是谁啊?[31] **MOT：谁也不是.** **MOT：过家家就是+...** **MOT：就像芊芊藏目一样.** **MOT：这是个游戏的名称.** **MOT：知道了吧?** **MOT：就是一种游戏.** **MOT：它没[/]没有什么在哪儿不在哪儿.**

续表

序号	儿童年龄	多轮问答互动例句
32、33	V2;9.19 岁	@Situation：芊芊想玩妈妈的项链 *CHI：*你还有吗?*[32] %act：去包里找项链 ***MOT：没有了.** %act：把项链套到她脖子上 *CHI：*你只有这两个?*[33] ***MOT：啊，是的.**
34、35、36、37、38、39、40、41	V2;9.19 岁	@Situation：芊芊要把妈妈打扮成白雪公主. *CHI：0. %act：给妈妈梳头 *CHI：*这样?*[34] ***CHI：白雪就是这样的.** *MOT：我不知道，你看着呢? *CHI：好漂亮! *CHI：*这样?*[35] ***MOT：0.** *CHI：我再给你 xxx xxx xxx. *CHI：我先给你+... *CHI：<这里边有个>[/]这里边有个<有一个>[/]<有一个>[/]有一个卡子给你. %act：从饰物盒里翻出来一个卡子 *CHI：这个卡子给你扎上. *MOT：这个卡子漂不漂亮让我先看看. %act：从芊芊手里拿过卡子 *MOT：哦，是挺漂亮的. *CHI：我再给你#梳梳头发. *CHI：我先给你拿着. %act：把卡子从妈妈手里拿过去 *CHI：我+... *CHI：等我不给你拿跑的. *CHI：我是给你+... *CHI：*这样?*[36] *CHI：*这就是白雪了吧?*[37] *CHI：*对不对?*[38] ***MOT：0.** *CHI：把你[/]<你的那个>[/]你的那个项链儿+...

序号	儿童年龄	多轮问答互动例句
34、35、36、37、38、39、40、41	V2;9.19 岁	%act: 给妈妈梳头发 *CHI: 这样. *CHI: 白雪就是这样吧?[39] *CHI: 对不对?[40] ***MOT: 你看着是不是这样啊?** *CHI: 就是的. *CHI: 不迷眼, 还要这样. %act: 梳妈妈的刘海儿 *CHI: 不迷眼, 还要梳梳打扮. *CHI: 这样还是那样?[41] ***MOT: 0.**
42、43、44	V2;9.19 岁	@Situation: 芊芊要把妈妈打扮成白雪公主. *CHI: 戴上. %act: 给妈妈戴上发卡 *CHI: 这样是王后吧?[42] *CHI: 对不对?[43] ***MOT: 我这样是白雪.** ***MOT: 白雪才戴这个发卡, 王后不戴.** ***MOT: 王后不戴发卡, 白雪戴.** *CHI: 我[/]我, 妈妈, 我[/]我当白雪. *MOT: 你不是让我当的吗? *CHI: 我当. *MOT: 你当白雪? *MOT: 我当吧. *CHI: 这样?[44] %act: 戴上发卡 ***MOT: 让我当白雪吧?** *CHI: 行吧. %act: 给妈妈戴上发卡
45、46	V2;9.19 岁	@Situation: 芊芊要把妈妈打扮成白雪公主. *CHI: 这样好漂亮的吧?[45] %act: 把项链儿放妈妈手腕上 ***MOT: 0.** *CHI: 拿着这个给你去上. %act: 想把项链儿的口打开 *CHI: 这样, 白雪就是戴这个吧?[46] ***MOT: 白雪不戴这个乖乖.**

续表

序号	儿童年龄	多轮问答互动例句
47、48、49、50	V2;9.19 岁	@Situation：芊芊跟爸爸妈妈一起玩过家家. *CHI: 谁当那个鸟啊?⁴⁷ → *CHI: 谁当那个鸟啊?⁴⁷ *MOT：哪个鸟啊? *CHI: 谁当鸟?⁴⁸ *CHI: 爸爸当+… *CHI: 谁当鸟鸟?⁴⁹ *MOT：哪个鸟儿? *MOT：那等一下你问问谁愿意当那个鸟儿. *CHI: 谁当谁[/]谁[/]谁当鸟儿啊?⁵⁰ *MOT：我也不知道. *CHI：你当鸟儿. *MOT：我当鸟儿? *CHI：嗯. *CHI：行不行啊? *MOT：那好吧. *CHI：<我当>[/]我当美人鱼. *MOT：好吧.
51、52、53、54	V2;9.19 岁	@Situation：芊芊跟爸爸妈妈一起玩过家家. *CHI: 爸爸呢?⁵¹ *MOT：爸爸呀，我也不知道他想当什么，你去问问吧. *CHI: 爸爸<你想当>[/]你想当谁呀?⁵² *FAT：我谁都不当. *CHI: 你当谁呀?⁵³ *FAT：我谁都不当. *FAT：我当芊芊的爸爸. *MOT：那你跟他说让他当美人鱼爸爸行不行. *CHI: 你当美人鱼爸爸行不行?⁵⁴ *FAT：我不当美人鱼爸爸，我当芊芊的爸爸.

阶段 7

序号	儿童年龄	多轮问答互动例句
1、2、3、4、5、6	A2;11.27 岁	@Situation：芊芊和妈妈讨论穿戴的问题. *CHI：0. %act：掀起来裙子看自己的小裤头

续表

序号	儿童年龄	多轮问答互动例句
1、2、3、4、5、6	A2;11.27 岁	*MOT：哈，羞羞羞. *CHI：我有小裤头儿. *MOT：行，你这样好羞啊，芊芊. *MOT：你是一个女孩子，不能把这个裙子给搂起来. *CHI：男+/. *MOT：把裙子搂起来很羞的. **CHI：男[/]男孩子哩?*[1] ***MOT：男孩子就不能穿裙子，男孩子全都得是#穿裤子.** **CHI：他穿什么呀?*[2] ***MOT：一样穿小裤头.** **CHI：我哩?*[3] **CHI：女生哩?*[4] ***MOT：女生穿裙子，然后穿个小裤头.** ***MOT：男生是穿裤子，然后穿个小裤头.** **CHI：女生哩?*[5] ***MOT：女生穿个裙子，然后穿个小裤头.** **CHI：小唐跟小晴哩?*[6] ***MOT：小唐跟小晴啊，她们两个也是女生啊，也是要穿裙子，要穿裤头儿啊.**
7、8、9	A2;11.27 岁	@Situation：芊芊和妈妈一起出去买水果. *MOT：咱们去买一点儿梨去，好吗? *CHI：好. *CHI：我还有梨呀. *MOT：没有梨了，家里边的梨吃完了. **CHI：谁吃完了?*[7] ***MOT：大家吃完了.** *CHI：吃完了. *MOT：你也吃了. *CHI：谁还+... **CHI：还有，还有谁吃了?*[8] ***MOT：婆婆，妈妈.** **CHI：还有谁呀?*[9] ***MOT：没有了，就咱们三个.** *MOT：走吧，咱们去买一点水果去.

续表

序号	儿童年龄	多轮问答互动例句
10、11	A2;11.27 岁	@Situation：芊芊和妈妈一起出去买水果. *CHI：爸爸给我买水果. *MOT：爸爸没有钱了. *CHI：爸爸钱哩?[10] ***MOT：花完了.** *CHI：谁花完了?[11] ***MOT：嗯, 平时买东西花完了.** *CHI：花完了, 然后被我+... *CHI：把我东西吃完了. *MOT：0[=!笑].
12、13、14、15、16	A2;11.27 岁	@Situation：芊芊跟妈妈一起出去买水果. *MOT：来, 妈妈扯着你的手吧. *CHI：我在大操场, 在这里走走. *CHI：爸爸哩?[12] ***MOT：爸爸在宿舍呀.** *CHI：火车哩?[13] ***MOT：嗯?** ***MOT：火车呀?** ***MOT：火车在车站, 没有在这里呀.** *CHI：小朋友哩?[14] ***MOT：小朋友啊?** ***MOT：小朋友现在##嗯, 很多都回家了, 在家里边呢.** *CHI：现在哩?[15] ***MOT：0.** *CHI：现在我哩?[16] ***MOT：现在你呀?** ***MOT：你在外边, 跟妈妈一起要去买水果呀.**
17、18、19、20、21、22	A2;11.27 岁	@Situation：芊芊和妈妈讨论穿戴的问题. *CHI：0. %act：掂住自己的鞋 *MOT：唉, 掂好#啊, 别弄掉了#啊. *CHI：弄掉时候哩?[17] ***MOT：弄掉我不管.** *CHI：弄掉了. *MOT：你就没有这样一双漂亮的鞋了.

续表

序号	儿童年龄	多轮问答互动例句
17、18、19、20、21、22	A2;11.27 岁	*CHI：这[/]这是谁+…[18] *CHI：在哪儿买的?[19] **MOT：这是妈妈在老家给你买的.** *CHI：那安安哩?[20] **MOT：安安?** *CHI：安安哩?[21] **MOT：安安呐, 安安是男生, 男生不穿这样##的鞋.** **MOT：不穿水晶鞋, 水晶鞋是女生穿的.** *CHI：为什么女生#穿, 男生不穿呢?[22] **MOT：嗯##就像芊芊#可以穿裙子, 但是男生就要穿裤子是一样哦.**
23、24、25、26、27	A2;11.27 岁	@Situation：芊芊跟妈妈一起去找爸爸. *CHI：胡××哩?[23] **MOT：胡××, 不知道跑哪儿了呀.** *CHI：爸爸哩?[24] **MOT：不知道去哪儿了呀.** *CHI：去哪儿了?[25] *CHI：他回家了?[26] **MOT：哦, 可能吧.** **MOT：我想他也不可能回家呀.** **MOT：他怎么会回家?** **MOT：不会的.** **MOT：不知道跑哪儿去了.** **MOT：不管他, 咱们办咱俩的事儿, 一样的.** *CHI：他#干什么了呀?[27] **MOT：我也不知道呢.** **MOT：行了, 来, 下来, 走吧.** **MOT：走.** **MOT：走吧, 咱们两个买水果去.**
28、29、30	A2;11.27 岁	@Situation：芊芊跟妈妈一起去找爸爸. *CHI：爸爸跑哪儿去了?[28] **MOT：我也不知道啊.** **MOT：我也不知道他跑哪儿去了.** **MOT：谁知道呢?** *CHI：<是不是>[/]是不是鳄鱼吃掉了?[29] **MOT：哦, 你觉得会不会呀?**

续表

序号	儿童年龄	多轮问答互动例句
28、29、30	A2;11.27 岁	*CHI：不会呀. *MOT：不会. *CHI：*爸爸跑哪儿#去了?*³⁰ ***MOT：不知道啊.** ***MOT：妈妈也不知道他跑哪儿去了.** ***MOT：不管他了，我们两个去买水果了.** ***MOT：不管了，买完水果我们还要去买糖浆呢.**
31、32、33、34	A2;11.27 岁	@Situation：芊芊跟妈妈一起聊天. *CHI：*胡××的车哩?*³¹ ***MOT：胡××的车?** ***MOT：胡××没有车.** ***MOT：他没有车.** *CHI：*为什么呀?*³² ***MOT：因为他不需要啊.** *CHI：*为什么不#需#要啊?*³³ ***MOT：啊?** *CHI：*为什么不#需要呀?*³⁴ ***MOT：因为#他住的地方儿#因为##他不需要去很远的地方，所以就不需要有车呀.** *CHI：我有自行车. *MOT：对，芊芊有+/.
35、36、37、38、39	A3;0.27 岁	@Situation：芊芊和婆婆聊天. *CHI：*<我的劲儿>[/]<我的劲儿>[/]我的劲儿被谁拿走了?*³⁵ ***GRM：你哩什么被谁拿走了?** *CHI：*我的劲儿被谁用了?*³⁶ ***GRM：你哩字?** *CHI：*劲儿，<我的>[/]<我的>[/]我的那个劲儿哩?*³⁷ ***GRM：劲儿?** *CHI：嗯. *GRM：劲儿是什么啊? *MOT：她哩那个+/. *CHI：力气. *CHI：*我的那个劲哩?*³⁸ ***GRM：记忆哩?** *CHI：*婆婆，<我的>[/]我的力气哩?*³⁹

序号	儿童年龄	多轮问答互动例句
35、36、37、38、39	A3;0.27 岁	***GRM：你的力气?** *CHI：啊. *GRM：力气是什么啊? *MOT：劲儿. *GRM：你哩劲儿在哪儿啊? *CHI：劲儿在这里边. *GRM：在这, 对, 劲儿在这儿. *GRM：我说哩, 这是啥东西哩? *GRM：哎, 你的劲儿[=!笑]. *GRM：想有劲儿啊, 得吃饭. *CHI：吃完饭+/. *GRM：锻炼, 运动, 就会有劲儿了.
40、41	A3;0.27 岁	@Situation：芊芊和妈妈聊天. *MOT：等将来摘下来的荔枝, 你摘的荔枝你可以吃啊. **CHI：妈妈摘的哩?*[40] ***MOT：妈妈吃啊.** **CHI：嗯嗯, 高不高?*[41] ***MOT：不高.** *CHI：不高我摘了. *MOT：好啊.
42、43	A3;0.27 岁	@Situation：芊芊和妈妈一起吃饭. *CHI：妈妈, 我[/]我的果冻最甜了, 你 xxx xxx xxx 黄了. *MOT：什么? **CHI：<你的牙>[/]你的牙黄了没有?*[42] ***MOT：你的果冻最甜了, 怎么样啊?** *CHI：坏牙. **CHI：你的, 你小时候爱吃 xxx 你的牙坏了吧?*[43] ***MOT：我吃个果冻吧?** *CHI：不, 不.
44、45	A3;0.27 岁	@Situation：芊芊跟婆婆和妈妈聊天. *GRM：放到高处了#啊. %act：帮芊芊把果冻放到高的地方 *MOT：妈妈光吃. @Comment：模仿芊芊. *GRM：妈妈她够不着了, 吃去了.

序号	儿童年龄	多轮问答互动例句
44、45	A3;0.27 岁	*GRM: 这就是放高处了. *CHI: 妈妈, 你高不高?⁴⁴ **MOT: 我高.** **MOT: 我还会搬凳子.** *GRM: 搬凳子, 我放那她看不见在哪儿呢, 我藏起来了. *CHI: 藏哪儿了?⁴⁵ **GRM: 你别说, 一说藏哪儿她都知道了, 别吭声, 她不知道.**
46、47	A3;0.27 岁	@Situation: 芊芊跟婆婆聊天. *GRM: 鳄鱼是大口, 俺芊芊是小口, 慢慢儿吃. *GRM: 品品这个味儿, 好吃不好吃? *CHI: <那个>[/]<那个>[/]那个河马哩?⁴⁶ **GRM: 哪个河马?** **GRM: 河马吃东西啊?** *CHI: 嗯. *GRM: 河马一般好像不肯吃肉肉的, 吃草. *CHI: 河马吃果冻. *GRM: 那不知道, 下一次去了动物园你把果冻扔给它, 看它吃不吃? *CHI: 它吃哩?⁴⁷ **GRM: 吃, 你多给它扔点儿.** *CHI: 给, 我给, 多给它买一点, 再给它 xxx 吃.
48、49	V2;10.1 岁	@Situation: 芊芊跟妈妈一起吃饭聊天. *CHI: 你[/]你有时候吃些不辣的吧?⁴⁸ **MOT: 嗯, 是+/.** *CHI: 有时候哩?⁴⁹ **MOT: 有时候就吃辣的呀.** *CHI: 辣死. %act: 不断戳碗里的东西
50、51	V2;10.1 岁	@Situation: 芊芊跟妈妈玩儿. *CHI: 妈妈我的剪刀呢?⁵⁰ **MOT: 你的剪刀我不知道哟.** **MOT: 你那一次不是<说你的剪刀>[/]说你的剪刀坏了吗, 乖乖?** **MOT: 是不是啊?** **MOT: 那次是不是你说你的剪刀坏了?** *CHI: 妈妈, 我的剪刀哩?⁵¹ **MOT: 我不知道弄哪儿去了?**

序号	儿童年龄	多轮问答互动例句
50、51	V2;10.1 岁	***MOT：我也不知道.** *CHI：我知道就在+… *CHI：我去拿#哦. *MOT：剪刀在哪儿呀? *CHI：我刀在橡皮泥那儿，我去给你找. %act：起身去找剪刀
52、53	V2;10.1 岁	@Situation: 芊芊跟妈妈玩儿. **CHI：那个，那个橡皮泥呢?*[52] ***MOT：橡皮泥啊?** ***MOT：橡皮泥在姥爷屋呀.** *CHI：我去给你拿. *MOT：别拿橡皮泥了，我们今天不玩橡皮泥. **CHI：等一会儿哩?*[53] ***MOT：等一会儿再说吧.**
54、55、56	V2;10.1 岁	@Situation: 芊芊吃了饭，又要吃东西. *MOT：你饿得很吗? %act：笑着摸孩子的头 *CHI：饿得很. **CHI：谁说我#饿得不很呢?*[54] %act：开始吃东西 ***MOT：哟，谁说你饿得不很呢.** *CHI：我饿得更很了! *MOT：哎呀[=!笑]. **CHI：你饿得很吗?*[55] ***MOT：我#饿得不很，我不饿.** **CHI：你饿一点吧?*[56] ***MOT：我一点也不饿.** *CHI：我一点都饿. *MOT：你一点都饿啊? *MOT：哎哟, 那可真是好奇怪啊[=!笑].
57、58	V2;10.1 岁	@Situation: 芊芊吃了饭，又要吃东西. *CHI：我[/]我饿了. **CHI：我[/]我[/]我为什么不能吃啊?*[57] ***MOT：为什么不能吃什么?** **CHI：为什么不能吃?*[58]

序号	儿童年龄	多轮问答互动例句
57、58	V2;10.1 岁	*CHI：我饿了. *MOT：你饿了? *CHI：我就非得吃这个. *MOT：哟! *MOT：你饿了, 你就非得吃啊? *CHI：嗯. *MOT：擤. %act：帮孩子擦鼻涕 *MOT：那#这个葡萄干很甜的, 那也不能狠吃啊? *MOT：是不是啊? *MOT：谁跟你说, 饿了就吃葡萄干啊? *MOT：嗯?
59、60、61	V2;10.9 岁	@Situation: 芊芊跟婆婆一起玩过家家, 假装气球是个需要照顾的小宝宝. *CHI：你保护它. %act：指着气球 *MOT：我没空. *CHI：xxx. %act：跳下石阶, 走动 *MOT：我没空保护它. *GRM：+<你去买吧. *CHI：婆婆哩?[59] %act：看着婆婆 ***GRM：你去, 我看着你的宝宝啊, 它光跑啊.** *CHI：你哩?[60] %act：看着妈妈, 用手指示意 ***MOT：嗯, 我##没空.** *CHI：你要干什么啊?[61] ***MOT：我有事.** *CHI：xxx. %act：走到另一边的草地, 蹲下, 摘草, 摘了一点草, 走回来, 爬上石阶 *CHI：我回来了.
62、63	V2;11.5 岁	@Situation: 婆婆带芊芊在外边玩儿, 芊芊觉得她的头发会迎风飘起来. *CHI：我能#飘#起来. %act：拽着自己的头发往上蹦一下 *CHI：飘的 xxx 都很好玩了.

续表

序号	儿童年龄	多轮问答互动例句
62、63	V2;11.5 岁	*GRM：你咋不飘啊? *GRM：没有飘啊? *GRM：咋+/. *MOT：飘不起来了. *GRM：是啊. *CHI: 到外边哩?[62] **MOT：到外边也飘不起来了.** *CHI: 为什么?[63] **MOT：因为你的头上出汗了, 那个头发就飘不起来了.** *CHI: 0. %act：摸自己的头发 *GRM：对哟. *MOT：都粘到头皮上了.
64、65	V2;11.18 岁	@Situation: 芊芊和妈妈一起玩橡皮泥. *CHI：0. %act：把褐色的橡皮泥揉成球放到盒子里 *CHI: 这两个?[64] %act：拿了一块儿橘红色的橡皮泥, 又拿了一块儿淡粉色的橡皮泥 **MOT：这两个不一样.** *CHI: 真的?[65] **MOT：我看看.** **MOT：不一样.** **MOT：你找, 把那一样的找到一起.**
66、67	V3;0.14 岁	@Situation: 芊芊和妈妈一起吃肉骨头. *CHI：吃完了. *MOT：吃完了? *MOT：这么快就把那么多肉肉吃完了? *CHI: 你哩?[66] **MOT：嗯?** *CHI: 你哩?[67] **MOT：我慢慢儿吃.** *CHI：我快. *MOT：我就爱啃骨头. *CHI：我就爱吃肉.

续表

序号	儿童年龄	多轮问答互动例句
68、69、70、71、72	V3;0.14 岁	@Situation：爸爸妈妈准备出差.
		*MOT：爸爸妈妈#要出去几天, 行不行啊?
		*CHI：不.
		*MOT：嗯?
		*MOT：你跟婆婆在家, 行吧?
		*CHI：你回不回来?[68]
		MOT：嗯?
		*CHI：回不回来?[69]
		MOT：回来呀.
		*MOT：过几天再回来.
		*MOT：行不行?
		*CHI：你去那儿干吗?[70]
		MOT：妈妈要去开会.
		*CHI：人家让不让小孩带着+...
		*CHI：让不让妈妈带着她去呀?[71]
		MOT：带谁呀?
		*CHI：带小孩子.
		*MOT：不让.
		*GRM：嗯.
		*GRM：滚了.
		@Comment：水壶里的水开了.
		*MOT：人家不让带小孩儿.
		*CHI：你别去吧.
		*MOT：为啥呀?
		*MOT：必须得去呀.
		*MOT：嗯.
		*MOT：芊芊.
		*MOT：必须得去呀.
		*MOT：不去不行啊.
		*CHI：现在哩?[72]
		MOT：嗯#现在先不用去.
		MOT：明天##就得去.
		MOT：明天去了, 等到##过几天了才回来.

序号	儿童年龄	多轮问答互动例句
73、74、75、76、77	V3;0.14 岁	@Situation：芊芊和妈妈聊天. *CHI：<狗熊吃肉还>[/]狗熊吃还吃饼还吃, 狗熊吃肉还吃饼干吗?[73] **MOT：当然了.** *CHI：为什么?[74] **MOT：喜欢呐.** *CHI：小饼干它爱不爱吃?[75] **MOT：爱吃啊.** *CHI：大饼干呢?[76] **MOT：也爱吃啊.** *CHI：吃肉还吃饼干吗?[77] **MOT：那妈妈问问芊芊: 那你吃肉你还吃饼干吗?** *CHI：我就要吃. *MOT：那狗熊也是说我就要吃. *CHI：非得吃. *MOT：啊. *MOT：狗熊也说我非得吃.
78、79、80	V3;0.14 岁	@Situation：芊芊问妈妈鳄鱼的生活环境. *CHI：里边有没有鳄鱼?[78] %act：指着电视 **MOT：哦, 那是大海, 大海里边没有鳄鱼.** *CHI：小海哩?[79] **MOT：小海也没有啊.** **MOT：鳄鱼生活在湖里边.** *CHI：湖?[80] **MOT：对.** **MOT：鳄鱼不在海里边.**

阶段 8

序号	儿童年龄	多轮问答互动例句
1、2、3	V3;1.6 岁	@Situation：芊芊和妈妈一起玩积木. *CHI：差一点点. %act：把手里的两个积木使劲拼在一起 *CHI：这样?[1]

续表

序号	儿童年龄	多轮问答互动例句
1、2、3	V3;1.6 岁	@Comment：积木勉强安在一起. ***MOT：还行吗?** *CHI：不行, 插[/]插歪了. %act：把手里的两个积木拼在一起 *MOT：那怎么把它插正呢? **CHI：这样?*[2] **CHI：这样正不正啊?*[3] @Comment：把两块积木较好地拼在一起. ***MOT：你看看, 还不太正.** ***MOT：来, 妈妈给你帮帮忙.** ***MOT：这样.** %act：拿过芊芊堆的积木帮她安好
4、5、6、7	V3;1.6 岁	@Situation：芊芊和妈妈一起玩积木. **CHI：为什么没有五?*[4] **CHI：为什么没有五个?*[5] ***MOT：四个轮子就行了, 不需要五个.** %act：拿着车子 **CHI：汽车是不是一二三四?*[6] %act：数着积木上的四个轮子 ***MOT：对呀.** **CHI：那<那个>[/]那个噼啪的车哩?*[7] ***MOT：噼啪车也是四个轮子啊.**
8、9、10、11	V3;1.6 岁	@Situation：芊芊和妈妈一起玩积木. *CHI：我那个车坐着哩. %act：看来看去 *MOT：嗯? **CHI：我那个车哩?*[8] ***MOT：哪个车啊?** *CHI：我那个车. %act：在积木堆里扫视想要的车 *MOT：我不知道你那个车放哪儿了. *CHI：你给我弄坏了. **CHI：你是不是给我毁了呀?*[9] ***MOT：没有!** **CHI：我怎么看见<给我>[/]给我毁了呀?*[10]

序号	儿童年龄	多轮问答互动例句
8、9、10、11	V3;1.6 岁	***MOT: 是吗?** *CHI: 嗯. *MOT: 哼. %act: 摆车的积木 **CHI: 我看见你怎么给我毁了呀?[11]* ***MOT: 我让这个车后边驮很多东西.** ***MOT: 我这个车可以驮很多东西.** %act: 在车子后面安积木 *CHI: 我这个摆个最漂亮的我让你毁. %act: 摆积木
12、13	V3;1.6 岁	@Situation: 芊芊和妈妈一起玩积木. **CHI: 妈妈, 这个是什么呀?[12]* %act: 把图纸抢过去看 ***MOT: 这个是恐龙.** **CHI: 恐龙麻不麻烦呀?[13]* %act: 指着图纸 ***MOT: 麻烦啊.** ***MOT: 关键是咱们没有这样的积木.** ***MOT: 你看, 这是弯积木, 咱们这儿没有弯积木.** ***MOT: 这不一样.** ***MOT: 芊芊现在用的积木不一样的.** ***MOT: 这是个弯的积木, 知道吗?** %act: 指着图纸
14、15、16、17	V3;1.6 岁	@Situation: 芊芊和妈妈聊天. **CHI: 老鼠会不会把 xxx 抬走了?[14]* ***MOT: 不会的, 老鼠不要这个东西, 老鼠只抬吃的.** **CHI: 老鼠抬[/]抬不抬我呀?[15]* ***MOT: 抬不抬谁呀?** **CHI: 抬不抬我呀?[16]* %act: 指着自己 ***MOT: 抬不抬芊芊?** *CHI: 嗯. *MOT: 不抬. *MOT: 你太大了, 抬不动. **CHI: 能不能抬我糖啊?[17]* ***MOT: 能.**

续表

序号	儿童年龄	多轮问答互动例句
18、19	V3;1.6 岁	@Situation：芊芊和妈妈一起玩积木. *MOT：这样. %act：把掉下来的积木放好 *MOT：好了. *MOT：这就是我摆的骆驼. **CHI：小人儿会不会, 能不能坐上啊?*[18] %act：看着骆驼 ***MOT：小人儿啊?** ***MOT：可以呀.** **CHI：坐上它会不会?*[19] *CHI：哦! *CHI：xxx xxx xxx. *CHI：蹦#下来. *CHI：哦! *CHI：上来! *CHI：他就蹦蹦蹦爬到它身上. *CHI：骆驼好. *CHI：噔噔噔身上去. *CHI：骆驼 xxx. %act：往骆驼头上放一块积木 ***MOT：0.**
20、21	V3;1.6 岁	@Situation：芊芊和妈妈一起玩积木. **CHI：它的脚哩?*[20] %act：看着骆驼 ***MOT：谁的脚啊?** *CHI：骆驼的脚. *MOT：这不是就是它的脚吗? **CHI：我那还有没有脚了啊?*[21] ***MOT：谁还有没有脚了?** *CHI：这上面. %act：看着自己手里拿的积木 *MOT：那你需要的话. *MOT：我把骆驼这个脚拆下来给你嘛.

续表

序号	儿童年龄	多轮问答互动例句
22、23	V3;1.6 岁	@Situation：芊芊和妈妈一起贴贴画. *CHI：它的眼哩?[22] %act：看着骆驼 ***MOT：在这.** %act：指着骆驼的眼 *CHI：它还有一只眼呢?[23] ***MOT：还有一只眼在这儿，但是还没有贴上.**
24、25	V3;1.6 岁	@Situation：芊芊和妈妈一起玩积木. *CHI：妈妈，房子怎么做啊?[24] %act：把手里的积木给妈妈 ***MOT：你会不会呀?** *CHI：不会. *MOT：你不会呀. *CHI：妈妈会. *MOT：妈妈会. *CHI：xxx xxx. %act：把手里的积木给妈妈 *MOT：好. %act：接过芊芊手里的积木 *CHI：这样子的?[25] ***MOT：你给我拿东西.** ***MOT：坐好，给我拿东西.** ***MOT：你这样坐才能拿东西，过来.** %act：让芊芊坐好
26、27、28	V3;1.6 岁	@Situation：芊芊和妈妈一起玩积木. *CHI：这个房子是?[26] ***MOT：房子有点长了，不应该是这样的.** *MOT：这样吧! %act：玩积木 *CHI：有点长. %act：看妈妈手上的积木 *MOT：这样就不长了. *MOT：我按照图纸做的. *CHI：图纸是不是这样做?[27] ***MOT：图纸就是这样做的.** *CHI：这样做?[28] ***MOT：对呀.** ***MOT：我现在就是按照图纸做的.**

续表

序号	儿童年龄	多轮问答互动例句
29、30、31	V3;2.11 岁	@Situation: 芊芊画画. *CHI：<你都>[/]<你都>[/]你都没看过这染热色[?]的花儿，对不对?[29] **GRM：没有，没有.** *CHI：我[/]我给你画一枝染热色[?]的花儿，行不行? **GRM：行.** *CHI：你[/]你也没看过染热[?]的花儿吧?[30] %act: 看着妈妈 **MOT：0.** *CHI：没吧?[31] **MOT：0.**
32、33、34	V3;2.11 岁	@Situation: 芊芊画画. *CHI：哪是绿色呀?[32] **GRM：你没有画绿色的，你画有绿色的它就是冷色的.** *CHI：为什么是冷色呀?[33] **GRM：哎，对.** **GRM：绿的，蓝的，都是冷色，黑的也是冷色.** *CHI：为什么?[34] **GRM：那是这么规定的呀，就是这样的.**
35、36、37、38、 39、40、41、42、 43、44、45	V3;2.11 岁	@Situation：婆婆在看电影《寻枪》. *MOT：姜文是个警察，枪丢了，满天地找他的枪. @Comment：姜文是电影《寻枪》的主演. %add：GRM *CHI：谁枪丢了呀?[35] **MOT：这可[/]可笑.** %add：GRM *CHI：谁[/]谁枪丢了呀?[36] **GRM：那个警察.** *CHI：哪警察呀?[37] **GRM：有一个警察叔叔不小心，把自己的枪弄丢了，你说算什么事儿?** *CHI：哪个警察叔叔?[38] **GRM：有一个，反正有一个警察叔叔.** *CHI：在哪儿啊?[39] **GRM：现在不在这儿，他在北京呢.** *CHI：哪是北京?[40] **GRM：你不知道，将来带你去看看.**

续表

序号	儿童年龄	多轮问答互动例句
35、36、37、38、39、40、41、42、43、44、45	V3;2.11 岁	***GRM：行吧?** **CHI：为什么枪, 为什么丢了呀?*[41] ***GRM：那就是说##他不像芊芊那样##东西都记住带好.** ***GRM：他不记着带好就丢了.** **CHI：就丢, 丢[/]丢[/]丢到哪儿?*[42] *CHI：丢到<丢到那个>[/]丢到那个妖怪丢到那个+/. ***GRM：妖怪洞里.** *CHI：+<妖怪洞. *CHI：丢到妖怪洞里了. *GRM：啊. **CHI：妖怪哩?*[43] ***GRM：妖怪后来#跑了.** **CHI：跑哪儿了呀?*[44] ***GRM：我也不知道他跑到哪里去了.** **CHI：妖怪跑哪儿了呀?*[45] %act：画画 ***GRM：不#知道.**